Felicidade

Dados Internacionais de Catalogação na Publicação (CIP)
(Câmara Brasileira do Livro, SP, Brasil)

Nhat Hanh, Thich
  Felicidade : práticas essenciais para uma consciência plena / Thich Nhat Hanh ; tradução de Renata Gaspar Nascimento ; revisão da tradução por Maria Goretti Rocha de Oliveira. 3. ed. – Petrópolis, RJ : Vozes, 2014.

  Bibliografia

  Título original: Happiness – essential mindfulness practices.

  3ª reimpressão, 2024.

  ISBN 978-85-326-4585-2

  1. Felicidade 2. Meditação – Budismo 3. Vida espiritual – Budismo I. Título.

13-04875   CDD-294.3444

Índices para catálogo sistemático:
1. Budismo : Prática religiosa   294.3444

Thich Nhat Hanh

Felicidade

Práticas essenciais para uma consciência plena

Tradução de Renata Gaspar Nascimento

Revisão da tradução por Maria Goretti Rocha de Oliveira

EDITORA VOZES

Petrópolis

© 2009 by Plum Village Community of Engaged Buddhism, Inc.

Título original em inglês intitulado *Happiness – Essential Mindfulness Practices*

Direitos de publicação em língua portuguesa – Brasil.
2013, Editora Vozes Ltda.
Rua Frei Luís, 100
25689-900 Petrópolis, RJ
www.vozes.com.br
Brasil

Todos os direitos reservados. Nenhuma parte desta obra poderá ser reproduzida ou transmitida por qualquer forma e/ou quaisquer meios (eletrônico ou mecânico, incluindo fotocópia e gravação) ou arquivada em qualquer sistema ou banco de dados sem permissão escrita da editora.

CONSELHO EDITORIAL

Diretor
Volney J. Berkenbrock

Editores
Aline dos Santos Carneiro
Edrian Josué Pasini
Marilac Loraine Oleniki
Welder Lancieri Marchini

Conselheiros
Elói Dionísio Piva
Francisco Morás
Gilberto Gonçalves Garcia
Ludovico Garmus
Teobaldo Heidemann

Secretário executivo
Leonardo A.R.T. dos Santos

PRODUÇÃO EDITORIAL

Aline L.R. de Barros
Marcelo Telles
Mirela de Oliveira
Natália França
Otaviano M. Cunha
Priscilla A.F. Alves
Rafael de Oliveira
Samuel Rezende
Vanessa Luz
Verônica M. Guedes

Editoração: Rachel Fernandes
Diagramação: Sheilandre Desenv. Gráfico
Capa: Rafael Machado

ISBN 978-85-326-4585-2 (Brasil)
ISBN 978-1-888375-91-6 (Estados Unidos)

Este livro foi composto e impresso pela Editora Vozes Ltda.

Sumário

Introdução, 7

Práticas diárias, 11
    Respirar conscientemente, 13
    Sentar em meditação, 20
    Andar em meditação, 25
    O despertar, 31
    O sino, 34
    Meditando ao telefone, 38
    Cumprimentando, 40
    Gathas, 42
    Cheguei, estou em casa!, 45
    Tomando refúgio, 48
    Os Cinco Treinamentos para uma Consciência Plena, 50

Práticas de alimentação, 57
    Alimentação consciente, 59
    As Cinco Contemplações, 64
    Na cozinha, 67
    A meditação do chá, 69

Práticas corporais, 75
    Parar e descansar, 77
    Relaxamento profundo, 81
    Movimentos conscientes, 87

Práticas comunitárias de relacionamento, 93
    Criando e mantendo uma Sanga, 95
    Recomeçando de uma Nova Maneira, 99
    Tratado de Paz, 103

Adotando um Segundo Corpo, 110
Abraçando em meditação, 112
A escuta profunda e a fala amorosa, 115
Cuidando da raiva e de outras emoções arrebatadoras, 118
Enviando luz, 125
Escrevendo uma carta de amor, 128

Outras práticas, 131
   Solidão, 133
   Silêncio, 136
   O Dia Inativo, 138
   Ouvindo uma palestra do Darma, 141
   Conversando sobre o Darma, 143
   Tocando a Terra, 145
   Viajando e voltando para casa, 149
   Metta: a meditação do amor, 151
   Desarmamento unilateral, 157
   Conversando com nossa criança interna, 160
   Os Quatorze Treinamentos para uma Consciência Plena, 163

Praticando com as crianças, 175
   Ouvindo os jovens, 177
   Andando em meditação com as crianças, 180
   Ajudando as crianças a lidarem com a raiva e fortes emoções, 182
   Refeições em família, 185
   Convidando o sino a soar, 188
   Meditando com seixos, 191
   O quarto de respirar, 194
   Os quatro Mantras, 197
   O bolo no refrigerador, 202
   A meditação da laranja, 204
   Abraçando a árvore, 206
   O Dia do Hoje, 208

Conclusão, 211

Introdução

Consciência plena é a energia que nos possibilita estar atentos e acordados para o presente. É a prática contínua de tocar a vida profundamente em cada momento. Praticar a consciência plena não requer que necessitemos ir a um lugar especial; podemos praticá-la em nosso quarto ou nos deslocando de um lugar para outro. Podemos fazer todas as coisas que sempre fazemos – andar, sentar, trabalhar, comer, conversar – com a diferença de que fazemos isso consciente do que estamos fazendo.

Imagine que você está em pé parado, com um grupo de pessoas, contemplando um lindo nascer do sol. Mas, enquanto os outros estão imersos na paisagem, você luta. Você está preocupado com seus projetos e problemas; você pensa no futuro e no passado; você não está realmente presente para apreciar a experiência. Então, ao invés de apreciar o nascer do sol, você deixa a riqueza do momento escapar.

Suponha, ao invés disso, que você adotou uma atitude diferente. Como seria se, enquanto sua mente divagasse, você direcionasse sua atenção à inspiração e expiração? Enquanto pratica respirando profundamente, você retorna ao presente. Seu corpo e sua mente se fundem numa unidade, permitindo que você esteja totalmente presente para presenciar, contemplar e apreciar a paisagem. "Voltando para a casa" da sua respiração, você recupera a maravilha do nascer do sol.

Nós frequentemente ficamos tão ocupados que nos esquecemos do que estamos fazendo ou de quem somos. Conheço muitas pessoas que dizem que se esquecem até de respirar. Nós nos esquecemos de olhar as pessoas que amamos e de apreciá-las até que elas desapareçam. Até mesmo quando temos algum tempo livre não sabemos como entrar em contato com o que está se passando dentro de nós. Por isso ligamos a televisão, pegamos o telefone como se fôssemos capazes de fugir de nós mesmos.

A consciência da respiração é a essência da consciência plena. De acordo com Buda, a consciência plena é a fonte de felicidade e alegria. A semente da consciência plena está em cada um de nós, mas frequentemente nos esquecemos de regá-la. Se soubermos tomar refúgio em nossa respiração, em nossos passos, seremos capazes de tocar nossas sementes de paz e alegria, e permitir que elas se manifestem para nossa satisfação. Ao invés de tomar refúgio na noção abstrata de Deus, Buda ou Alá, percebemos que Deus pode ser tocado em nossa respiração e em nosso passo.

Isso soa fácil como se qualquer um pudesse fazê-lo, mas isso requer algum treino. A prática de parar é crucial. Como paramos? Paramos por meio da nossa inspiração, da nossa expiração e dos nossos passos. Por isso, nossa prática básica é respirar e andar conscientemente. Se dominar essas práticas, você poderá meditar comendo e bebendo conscientemente, cozinhando conscientemente, dirigindo conscientemente, e assim por diante, e você estará sempre no aqui e agora.

A prática da consciência plena (*smrti* em sânscrito) leva à concentração (*samadhi*), que por sua vez leva ao *insight* (*prajnã*). O *insight* que ganhamos através da meditação da consciência plena pode nos libertar do medo, da ansiedade, da raiva, permitindo que sejamos verdadeiramente felizes. Podemos praticar a consciência plena usando algo tão simples quanto uma flor. Quando seguro uma flor em minha mão, estou consciente dela. Minha inspiração e minha expiração me ajudam a manter essa consciência. Ao invés de estar dominado por outros pensamentos, mantenho meu encantamento pela beleza da flor. A própria concentração se torna uma fonte de alegria.

Se quisermos desfrutar plenamente os dons da vida, devemos praticar a consciência plena em toda ocasião, quer estejamos escovando os dentes, preparando nosso café da manhã ou dirigindo até o trabalho. Cada passo e cada respiração podem ser oportunidades de desfrutar alegria e felicidade. A vida está cheia de sofrimento. Se não tivermos felicidade suficiente de reserva, não teremos como lidar com nosso desespero. Desfrute sua prática com uma atitude relaxada e gentil, com uma mente aberta e um coração receptivo. Pratique pela compreensão e não pela forma ou aparência. Com consciência plena podemos preservar uma alegria interior, para assim podermos lidar melhor com os desafios em nossa vida. Nós podemos criar o alicerce da liberdade, da paz e do amor dentro de nós mesmos.

Práticas diárias

Respirar conscientemente

Em nossa vida cotidiana nós respiramos, mas nos esquecemos de que estamos respirando. O fundamento de toda prática da consciência plena é trazer nossa atenção para nossa inspiração e expiração. Isso é chamado de consciência plena da respiração ou respirar conscientemente. Esta prática é muito simples, mas seu efeito pode ser enorme. Em nossa vida diária, embora o nosso corpo esteja em um lugar, frequentemente nossa mente está em outro. Prestar atenção à nossa inspiração e expiração traz nossa mente de volta ao nosso corpo. De repente ficamos ali totalmente presentes no aqui e agora.

Respirar conscientemente é como beber um copo de água fresca. Enquanto inspiramos, realmente sentimos nossos pulmões se enchendo de ar. Não precisamos controlar nossa respiração. Sentimos a respiração como ela realmente é. Ela pode ser longa ou curta, profunda ou superficial. À luz de nossa consciência ela se tornará naturalmente mais lenta e profunda. A respiração consciente é a chave para unir corpo e mente, e trazer a energia da consciência plena para cada momento de nossa vida.

Independentemente do nosso tempo meteorológico interno – pensamentos, sentimentos e percepções –, a respiração está sempre conosco como uma amiga fiel. Sempre que nos sentirmos dominados, afogados numa emoção profunda ou aprisionados em pensamentos relativos ao passado ou futuro, podemos retornar a nossa respiração para restabelecer e ancorar nossa mente.

A prática

Enquanto inspira e expira, sinta o fluxo de ar entrando e saindo do seu nariz. A princípio sua respiração pode não estar relaxada, mas depois de praticar a respiração consciente por algum tempo, você sentirá o quanto sua respiração se tornou leve, natural, calma e pacífica. Sempre que estiver caminhando, cuidando do jardim, digitando ou fazendo qualquer coisa que seja, você poderá retornar a essa fonte pacífica de vida.

Você pode dizer para si mesmo:

Inspirando, eu sei que estou inspirando.
Expirando, eu sei que estou expirando.

Após algumas respirações, você pode querer encurtar isto para: "inspirando, expirando". Se acompanhar todo o trajeto da sua inspiração e expiração, sua mente deixa de pensar. Agora sua mente tem uma chance de repousar. Em nossa vida cotidiana pensamos demais. Dar à nossa mente uma oportunidade de parar de pensar é maravilhoso.

"*Inspirando, eu sei que estou inspirando*" não é um pensamento. É, simplesmente, a consciência de que algo está acontecendo: você está respirando. Quando você respira e volta sua atenção à inspiração, você faz com que sua mente restabeleça a união com o seu corpo. Apenas uma inalação já ajuda nossa mente a retornar ao nosso corpo. Quando corpo e mente se unem, você pode realmente estar no momento presente.

"Inspirando, eu sei que estou inspirando" é outra forma de dizer: "Inspirando, eu me sinto vivo". A vida está dentro de você e a vida está a sua volta – a vida com todas suas maravilhas: a luz do sol, o céu azul, as folhas de outono. É muito importante ir ao lar do momento presente para entrar em contato com os elementos que curam, e são revigorantes e nutridores da vida dentro e fora de você. Um leve sorriso pode relaxar todos os músculos do seu rosto.

> *Inspirando, eu reconheço o céu azul.*
> *Expirando, eu sorrio para o céu azul.*

> *Inspirando, estou ciente das lindas folhas de outono.*
> *Expirando, sorrio para as lindas folhas de outono.*

Você pode resumir isto para "céu azul" na inspiração e "sorrio" na expiração. Depois, "folhas de outono" ao inspirar e "sorrio" ao expirar. Quando você pratica respirando dessa maneira, isso o coloca em contato com todas as maravilhas da vida. A beleza da vida está nutrindo-o. Você está livre de suas preocupações e medos. Você entra em contato com sua respiração e com seu corpo. Seu corpo é uma maravilha. Seus olhos são um milagre; você só precisa abri-los olhos para ser capaz de tocar o paraíso de formas e cores que está sua disposição. Seus ouvidos são maravilhosos. Graças a eles você pode ouvir todos os tipos de sons: a música, o canto dos pássaros e o vento soprando através dos pinheiros. Quando você presta atenção na inspiração e expiração, você relaxa no momento presente; no aqui e agora, e entra em contato com a vida. Se continuasse a se perder no passado ou a correr para o futuro, você perderia tudo isso.

> *Inspirando, eu sigo minha inspiração do início ao fim.*

Expirando, eu sigo minha expiração do início ao fim.

No início, você pode perceber sua respiração como se estivesse sendo trabalhosa ou difícil. Sua respiração é uma consequência do seu corpo e sentimentos. Se seu corpo estiver com tensão e dor, e seus sentimentos forem dolorosos, sua respiração será afetada. Volte sua atenção para a respiração e respire conscientemente.

Inspirando, eu sei que estou inspirando.
Expirando, eu sei que estou expirando.

Inspirando, eu sorrio para minha inspiração.
Expirando, eu sorrio para minha expiração.

Nunca force sua respiração. Se sua inspiração está curta, deixe-a ser curta; se ela não estiver muito tranquila, deixe-a ser assim. Nós não interferimos, forçamos ou tentamos melhorar nossa respiração. Apenas nos tornamos conscientes dela e, após algum tempo, sua qualidade melhorará naturalmente. A consciência plena da respiração identifica e abraça nossa inspiração e nossa expiração como uma mãe indo para casa se encontrar com seu filho, envolvendo-o com ternura nos braços. Você se surpreenderá ao ver que, após um ou dois minutos, a qualidade da sua respiração melhorará. A inspiração se tornará mais profunda, a expiração ficará mais lenta. Sua respiração se tornará mais tranquila e harmoniosa.

Inspirando, eu noto que minha inspiração se tornou mais profunda.
Expirando, eu noto que minha expiração se tornou mais lenta.

Quando você notar que sua inspiração e expiração se tornaram mais tranquilas, mais profundas e mais lentas, você poderá oferecer esta paz, calma e harmonia para o seu corpo. Agora é sua chance de voltar ao lar do seu corpo, reconhecer sua existência; familiarizar-se e tornar-se amigo dele.

Inspirando, eu tenho consciência do meu corpo.
Expirando, eu solto toda tensão do meu corpo.

Esses exercícios de respiração vieram do próprio Buda[1]. Eles são fáceis como brincadeira de criança. Se ajudar, coloque a mão na barriga. Você perceberá que, enquanto inspira, seu estômago está subindo e enquanto expira seu estômago está descendo. Subindo e descendo. Especialmente na posição deitada, fica ainda mais fácil perceber seu abdômen subindo e descendo. Você está consciente da sua inspiração e expiração do início ao fim. Respirar assim é agradável. Você deixa de pensar no passado, no futuro, em seus projetos e sofrimentos. Respirar passa a ser um prazer, um lembrete da própria vida.

Inspirando, eu me deleito inspirando.
Expirando, eu me deleito expirando.

Posteriormente, quando for capaz de oferecer paz e harmonia ao seu corpo, ajudando-o a soltar tensão, você poderá identificar seus sentimentos e emoções.

Inspirando, estou consciente do sentimento
doloroso em mim.
Expirando, eu sorrio para o sentimento doloroso
em mim.

---

1. Cf. THICH NHAT HANH. *Respire, você está vivo!* Sutra sobre a plena consciência na respiração. Vozes. *Breath. You are alive!* Berkeley, CA: Parallax Press, 2008.

Existe um sentimento doloroso, mas existe também consciência plena. A consciência plena é como uma mãe abraçando o sentimento com ternura. Consciência plena é sempre a consciência plena de alguma coisa. Quando você respira conscientemente, isso significa consciência plena da respiração; quando você caminha conscientemente, isso significa consciência plena do ato de caminhar; quando você bebe conscientemente, isso significa consciência plena do ato de beber. Quando você está consciente dos seus sentimentos, isso significa consciência plena dos seus sentimentos. A consciência plena pode ser trazida para intervir em todo evento físico e mental, trazendo reconhecimento e alívio.

Gostaria de lhe oferecer um poema prático para que possa repetir algumas vezes enquanto respira e sorri:

Inspirando, eu sei que estou inspirando.
Expirando, eu sei que estou expirando.

Enquanto minha inspiração fica mais profunda,
minha expiração fica mais lenta.

Inspirando, eu acalmo meu corpo.
Expirando, eu me sinto à vontade.

Inspirando, eu sorrio.
Expirando, eu libero.

Habitando o momento presente.
Sei que este é um momento maravilhoso.

Você pode resumir isto às palavras abaixo. Uma palavra ou frase por respiração:

Inspirando, expirando.
Profundamente, lentamente.

Acalmando, aliviando.
Sorrindo, liberando.
Momento presente, momento maravilhoso.

O momento presente é o único momento real. Sua tarefa mais importante é estar aqui e agora aproveitando o momento presente.

Sentar em meditação

Sentar em meditação é uma forma que temos de voltar para casa e cuidar de nós mesmos com total atenção. Toda vez que nos sentamos, seja na sala de estar, ao pé de uma árvore ou numa almofada, podemos irradiar a tranquilidade de um Buda sentado num altar. Direcionamos toda nossa atenção ao que está dentro de nós e à nossa volta. Deixamos nossa mente se tornar espaçosa e nosso coração tenro e amável. Em apenas alguns minutos sentados nesta posição, somos capazes de nos restaurar completamente. Quando nos sentamos com toda tranquilidade e paz, respirando e sorrindo com atenção, nós nos tornamos soberanos de nós mesmos.

Sentar em meditação pode nos curar. Podemos simplesmente estar em contato com tudo o que existe dentro de nós, seja dor, raiva, irritação, alegria, amor ou paz. Ficamos com o que lá estiver sem sermos arrebatados. Deixamos o sentimento vir, permanecer e depois o deixamos ir. Não temos necessidade de nos esquivar, oprimir ou fazer de conta que nossos pensamentos não existem. Ao invés disso, podemos observar os pensamentos e as imagens em nossa mente com um olhar de aceitação e amor. Apesar das intempéries que surgem em nós, permanecemos quietos e calmos.

Sentando e respirando nós produzimos nossa verdadeira presença no aqui e agora, e a oferecemos à nossa comunidade e ao mundo. Este é propósito de sentar em meditação: estar aqui, totalmente vivo e totalmente presente.

A prática

Sentar em meditação deve ser uma alegria. Sente-se de um jeito que você se sinta feliz e relaxado, durante todo o tempo em que estiver sentado. Sentar em meditação não é um trabalho árduo. É uma oportunidade de apreciar sua própria presença, a presença de sua família ou amigos praticantes, da terra, do céu e do cosmos. Não há esforço.

Se você sentar numa almofada, certifique-se de que é da espessura correta para sustentá-lo. Você pode sentar-se na postura de lótus inteiro ou de meio-lótus, numa simples postura de pernas cruzadas ou como se sentir mais confortável. Mantenha suas costas retas e as mãos gentilmente dobradas sobre o colo. Se você sentar numa cadeira, certifique-se de que seus pés estão totalmente estirados no chão ou numa almofada. Se suas pernas ou pés adormecerem ou começarem a doer, apenas reajuste sua posição conscientemente. Você pode manter sua concentração acompanhando a respiração enquanto, lenta e atentamente, muda de posição.

Permita todos os músculos do seu corpo relaxarem; não lute ou se esforce. Há pessoas que, depois de estarem sentadas em meditação por quinze minutos, sentem dor por todo o corpo porque estão se esforçando para ficar sentadas ou lutando para obter êxito na meditação. Apenas se permita estar relaxado, como se estivesse sentado junto ao mar.

Enquanto estiver sentado, comece seguindo sua inspiração e expiração. Quando um sentimento emergir, identifique-o. Toda vez que um sentimento brotar, identifique-o e reconheça-o. Você pode aprender muito observando o que está se passando em seu corpo e sua mente quando estiver sentado meditando. Acima de tudo, sentar em meditação é uma oportunidade de você fazer nada. Você tem absolutamente nada para fazer; apenas aprecie o fato de estar sentado e respirando.

Inspirando, eu sei que estou vivo.
Expirando, eu sorrio para a vida dentro de
mim e ao meu redor.

Estar vivo é um milagre! O simples fato de estar ali sentado, apreciando sua inspiração e expiração, já é uma felicidade. Como está inspirando e expirando, você sabe que está vivo. Isso merece ser celebrado. Portanto, sentar em meditação é uma maneira de celebrar a vida através da sua inspiração e expiração.

É importante permitir que seu corpo relaxe completamente. Não tente se tornar um Buda. Apenas goste de estar sentado e se aceite da forma como está. Mesmo que haja alguma tensão no seu corpo, alguma dor no seu coração, aceite-se da forma como está. Com a energia da respiração consciente, você abraça seu corpo e sua mente, permite-se estar numa postura relaxada, sentindo prazer com sua respiração.

Inspirando, eu cheguei.
Expirando, eu me sinto em casa.

Você não precisa mais correr. Sua verdadeira casa está no aqui e agora. Você é forte e livre. Você pode sorrir, relaxando todos os músculos da face.

Precisamos de algum treino para ter êxito na meditação sentada. Estamos tão acostumados a sempre fazer alguma coisa – com nossa mente e corpo – que sentar e fazer nada podem ser difícil no início. Quando Nelson Mandela foi à França visitar o presidente francês François Mitterrand, a imprensa perguntou ao Sr. Mandela o que ele mais gostaria de fazer. Ele respondeu: "A coisa que eu mais quero fazer é simplesmente sentar e fazer nada. Desde que saí da prisão tenho estado tão ocupado que sequer tenho tempo para sentar e respirar. Então o que mais quero é simplesmente sentar e fazer nada".

Se déssemos alguns dias a Nelson Mandela para ele se sentar e fazer nada, será que ele saberia fazer isto? Porque se sentar e fazer nada não parecem ser muito fáceis para a maioria de nós. Estamos acostumados a sempre fazer alguma coisa. Precisamos de treino para ser capazes de sentar, gostando de estar sentados, fazer nada gostando de fazer nada. Cada um de nós tem a energia do hábito de ter sempre que estar fazendo alguma coisa. Se não estivermos fazendo algo, não aguentamos. Portanto, sentar-se simplesmente e fazer nada é uma arte, a arte de sentar em meditação.

Se estiver tendo problemas para se concentrar, contar é uma excelente técnica. Inspirando, conte "um"; expirando conte "um". Inspirando conte "dois"; expirando conte "dois". Continue até dez e depois recomece a contagem. Se em algum momento você esquecer em que número está, recomece do "um". O método da contagem nos ajuda a evitar ficar divagando em pensamentos problemáticos; ao invés disso, nos concentramos na respiração e nos números. Quando tivermos desenvolvido algum controle sobre nosso pensamento, a contagem pode se tornar entediante, e podemos deixar de contar e nos concentrar apenas seguindo a respiração.

Se você vê a meditação como uma luta para chegar a algum lugar e tenta arduamente alcançar o sucesso, você não será capaz de relaxar. Olhe pela janela. Talvez haja um pé de ipê ou carvalho lá fora. A árvore é bela e saudável, sendo plenamente ela mesma. Não parece que ela está se esforçando de forma alguma. Isto a permite ser viçosa, verde, estável. Talvez a árvore esteja sobre a montanha. A montanha é firme e sólida, apoiando todo tipo de vida sem tensão ou esforço. Quando você senta em meditação, torna-se tão estável e sólido quanto à montanha. Você pode praticar assim:

> *Inspirando, eu me vejo como uma montanha.*
> *Expirando, eu aprecio minha solidez.*

Para ser bem-sucedido nesta prática, solte a tensão do seu corpo e sentimentos. Sinta-se confortável no seu corpo sentado. Quando começar a inspirar e expirar, deleite-se na inspiração e expiração. Abandone qualquer luta e sinta prazer em estar sentado e sorrindo. Esse é um momento privilegiado: ter a oportunidade de sentar assim tranquilamente. Você é sua própria ilha. Ninguém nesse momento pode lhe pedir para fazer coisa alguma. Ninguém lhe perturbará, ninguém tem o direito de lhe fazer uma pergunta, de lhe pedir para lavar as panelas ou limpar o banheiro. Essa é sua oportunidade preciosa de relaxar e ser você mesmo.

Andar em meditação

A mente pode ir a milhares de direções.
Mas nesta linda trilha, ando em paz.
A cada passo, sopra uma brisa refrescante.
A cada passo, uma flor viceja.

Nós andamos o tempo inteiro, mas geralmente parece que estamos correndo. Nossos passos apressados deixam marcas de ansiedade e aflição sobre a terra. Se conseguirmos dar um passo em paz, daremos dois, três, quatro e depois cinco passos para a paz e felicidade da humanidade e da Terra.

Meditar andando significa andar simplesmente pelo prazer de andar. Andar sem chegar num destino específico é a técnica. Existe uma palavra sânscrita, *apranihita*, que significa sem desejo ou sem objetivo. A ideia é a de não colocarmos nada a nossa frente e corrermos atrás daquilo. Quando praticamos o caminhar meditativo, caminhamos com esse espírito. Simplesmente nos deleitamos caminhando, sem um propósito ou destino específico. Nossa caminhada não é um meio para se atingir um fim. Caminhamos pelo prazer de caminhar.

Nossa mente tende a pular de uma coisa à outra, como um macaco pulando de galho em galho sem parar para descansar. Os pensamentos têm milhares de trilhas e sempre nos carregam para o mundo do esquecimento[2]. Se pudermos transformar o caminho que percorremos num campo de meditação, nossos pés darão cada passo com total consciência. Nossa respiração se harmonizará com nossos passos e nossa mente naturalmente ficará relaxada e confortável. Cada passo que dermos reforçará nossa paz e alegria, fazendo com que uma onda de calma e energia flua através de nós. Então, podemos dizer: "A cada passo, sopra uma brisa refrescante".

Você pode praticar andando em meditação toda vez que andar, mesmo que seja apenas do carro para o escritório ou da cozinha para a sala. Quando andar para qualquer lugar, dê-se o tempo suficiente para praticar; ao invés de três minutos, faça o mesmo trajeto em oito ou dez. Eu sempre vou ao aeroporto com uma hora extra de antecedência, para que assim eu possa praticar andando em meditação por lá. Os amigos querem ficar comigo até o último minuto, mas eu resisto. Eu digo a eles que preciso desse tempo. Caminhar meditando é como comer: cada passo alimenta nosso corpo e espírito. Quando andamos com ansiedade e aflição, esse é um tipo de comida prejudicial à saúde. O alimento da caminhada meditativa deve ser de alta qualidade. Apenas caminhe devagar e saboreie um banquete de paz.

A.J. Muste diz que "não há caminho que leve à paz, a paz é o caminho". Andar conscientemente nos traz paz e alegria, e torna nossa vida real. Por que ter pressa? O nosso destino final será somente o cemitério. Por que não andar em direção à vida desfrutando a paz em cada momento, em cada passo? Não há necessidade de luta. Desfrute cada passo que você dá.

---

2. Neste contexto e terminologia budista de modo geral, "esquecimento" é o antônimo de "consciência plena" (nota da editora).

Cada passo leva você para a casa do aqui e agora. Este é seu verdadeiro lar – pois somente neste momento, neste lugar, a vida pode ser possível. Nós já chegamos!

A Terra é a nossa mãe. Quando estamos distante da mãe natureza por muito tempo, adoecemos. Cada passo que damos, andando em meditação, permite-nos tocar nossa mãe, para que possamos ficar bem novamente. Muitos prejuízos foram causados à Mãe Terra, então agora é a hora de beijar a terra com nossos pés e curar nossa mãe.

Alguns de nós podemos não ser capazes de andar. Quando praticamos caminhadas meditativas em nossos retiros, cada pessoa que não consegue andar escolhe alguém que esteja praticando o andar em meditação para olhá-la e se torna uno com aquela pessoa, seguindo os seus passos atentamente. Dessa forma, ela dá passos calmos e serenos junto com seu par, mesmo sem poder andar.

Nós, que temos duas pernas, não podemos nos esquecer de agradecer. Andamos por nós mesmos e andamos por aqueles que não conseguem andar. Andamos por todos os seres vivos do passado, presente e futuro.

A prática

Quando começa a praticar meditação andando, você pode se sentir desequilibrado como um bebê dando os primeiros passos. Siga sua respiração, permaneça consciente de seus passos e logo encontrará o equilíbrio. Visualize uma onça caminhando vagarosamente e você verá que seus passos se tornarão tão majestosos quanto os dela.

Você pode querer começar a praticar meditação caminhando de manhã, permitindo que a energia do ar puro matinal penetre em você. Seus movimentos se tornarão suaves e sua mente alerta. Durante o dia, você descobrirá que está mais consciente de suas ações. Quando tomar decisões após andar em meditação, perceberá que está mais calmo, pensando com clareza, e tendo mais *insight* e compaixão. Cada passo que você dá beneficiará todos os seres, próximos ou distantes.

Enquanto caminha, preste atenção em cada passo que dá. Ande lentamente; não se apresse. Cada passo o leva ao melhor momento de sua vida. Na caminhada meditativa, você pratica estando atento ao número de passos que dá enquanto respira. Perceba cada respiração e quantos passos você dá enquanto inspira e expira. Andando em meditação nós relacionamos nossos passos à nossa respiração, não é o inverso. Ao inspirar, dê dois ou três passos conforme a capacidade de seus pulmões. Se seus pulmões quiserem dois passos durante a inalação, dê exatamente dois passos. Se você se sentir melhor com três passos, então dê três passos. Ao expirar também escute seus pulmões; saiba quantos passos seus pulmões querem que você dê durante a exalação.

Sua inspiração é geralmente mais curta do que sua expiração. Sendo assim, você poderia iniciar a prática com dois passos para a inspiração e três para a expiração: 2-3; 2-3; 2-3. Ou 3-4; 3-4; 3-4. Na medida em que continuamos, nossa respiração vai naturalmente ficando mais lenta e mais relaxada. Se sentir que pode dar mais um passo durante a inspiração, sinta-se livre para fazer isso. Sempre que sentir necessidade de dar um passo a mais enquanto exala, permita-se dar esse passo a mais enquanto exala. Cada passo deve ser prazeroso.

Não tente controlar a respiração. Proporcione aos seus pulmões a quantidade de tempo e de ar que eles necessitam e simplesmente observe quantos passos você dá enquanto seus pulmões se enchem, e quantos passos você dá enquanto eles se esvaziam, ficando atento a ambos: respiração e passos. O elo é a contagem.

Quando você estiver andando subindo, ou descendo uma ladeira, o número de passos por respiração mudará. Sempre siga a necessidade dos seus pulmões. Observe-os profundamente. Não se esqueça de praticar sorrindo. O seu ar sorridente levará calma e deleite aos seus passos e sua respiração, e o ajudará a manter-se atento. Depois de ter praticado por meia ou uma hora, você perceberá que sua respiração, seus passos, sua contagem e seu ar sorridente se unem facilmente.

Depois de praticar por algum tempo, perceberá que a extensão da sua inspiração e expiração estará mais igualada. Seus pulmões estarão mais saudáveis e seu sangue circulará melhor; seu jeito de respirar terá se transformado.

Podemos praticar andando em meditação contando os passos ou usando palavras. Se o tempo de nossa respiração for 3-3, por exemplo, podemos repetir silenciosamente enquanto andamos: "flor de lótus. Flor de lótus" ou "o planeta verde. O planeta verde". Se o tempo da nossa respiração for 2-3, podemos dizer: "lótus vicejante. O lótus vicejante". Se estivermos inalando e exalando em cinco tempos, podemos dizer: "Caminhando sobre o planeta verde. Caminhando sobre o planeta verde" ou "andando sobre o planeta verde, eu estou andando no planeta verde", para a contagem 5-6.

Nós não proferimos apenas palavras. Nós realmente vemos flores vicejantes sob nossos pés. Nós realmente nos tornamos unos com nosso planeta verde. Sinta-se livre para usar sua criatividade e sabedoria para criar suas próprias palavras. Eis algumas que criei:

> Paz é cada passo.
> O sol vermelho brilhando é meu coração.
> Cada flor sorri junto comigo.
> Como é verde, como é cheio de frescor tudo o que cresce.
> Como é refrescante a brisa que sopra.
> Paz é cada passo,
> ela transforma em alegria o caminho sem fim.

Todo dia você anda para algum lugar, então, adicionar a caminhada meditativa em sua vida não requer muito tempo extra, nem que você vá a um lugar diferente. Escolha um local – uma escadaria, sua rua ou a distância entre duas árvores – para praticar andando em meditação todos os dias. Qualquer trajeto pode ser trilhado andando em meditação.

O despertar

*P*odemos começar o dia com a felicidade de um sorriso e a aspiração de nos dedicarmos ao caminho da compreensão e do amor. Estamos conscientes de que hoje é um novo dia, cheio de frescor; e nós temos vinte e quatro horas preciosas para viver.

A prática

Enquanto acorda pela manhã e abre os olhos, você pode gostar de recitar este pequeno verso de consciência plena, chamado gatha:

> *Despertando de manhã, eu sorrio.*
> *Vinte e quatro horas, novinhas em folha, estão diante de mim.*
> *Eu me comprometo a viver plenamente cada momento*
> *E olhar todos os seres com olhos de compaixão.*

O último verso deste gatha foi extraído do Sutra do Lótus[3]. Aquele que vê todos os seres com olhos de compaixão é Avalokiteshvara, o bodisatva que ouve profundamente as lamentações do mundo. No sutra lemos este verso: "Olhos de bondade

---

3. Cf. THICH NHAT HANH. *Peaceful Action, Open Heart: Insights on the Lotus Sutra*. Berkeley, CA: Parallax Press, 2008.

amorosa veem todos os seres vivos". O amor é impossível sem compreensão. Para compreender os outros devemos conhecê-los e estar dentro de sua pele. Assim podemos tratá-los com bondade amorosa. A fonte do amor é a nossa mente inteiramente desperta.

Depois de acordar você provavelmente abre as cortinas e olha lá fora. Você pode até mesmo gostar de abrir a janela e sentir o frescor do ar matinal com o orvalho ainda sobre a grama. Quando abre a janela e olha lá fora, vê que a vida é infinitamente maravilhosa. Neste exato momento, você pode se comprometer a estar desperto o dia inteiro, concretizando a alegria, a paz, a liberdade e a harmonia. Quando faz isso, sua mente se torna clara como um rio sereno.

Tente se levantar da cama imediatamente depois de apreciar três respirações profundas, para se estabelecer em consciência plena. Não demore despertando. Você pode gostar de sentar-se e massagear gentilmente sua cabeça, seu pescoço, seus ombros e braços ativando a circulação sanguínea. Pode ser que goste de fazer um pouco de alongamento para soltar as articulações e despertar seu corpo. Beber um copo de água morna também é bom para nosso organismo, sendo a primeira coisa do dia.

Lave-se ou faça o que precisa fazer antes de ir ao trabalho, à escola ou à sala de meditação. Programe-se para ter tempo suficiente e não ter que se apressar. Se ainda for madrugada, aprecie a escuridão do céu matinal; muitas estrelas estão brilhando e nos saudando. Respire profundamente e curta o frescor do ar frio. Enquanto anda lentamente até o carro, a escola, o trabalho, ou a sala de meditação, permita que a manhã preencha seu ser, acordando seu corpo e sua mente para a alegria de um novo dia.

Existe uma forma melhor de começar o dia do que com um sorriso? Seu sorriso afirma sua consciência e determinação de viver em paz e alegria. Quantos dias se esvaem no esquecimento? O que você está fazendo com sua vida? Contemple profundamente e sorria. A fonte de um verdadeiro sorriso é uma mente desperta.

Como você pode se lembrar de sorrir ao acordar? Você poderia pendurar um lembrete – pode ser um galho, uma folha, uma pintura ou algumas palavras inspiradoras – em sua janela ou no teto acima da sua cama. Quando você tiver desenvolvido a prática do sorriso, pode ser que não mais precise de um lembrete. Você sorrirá logo que ouvir um pássaro cantar ou ver um feixe de luz solar atravessando a janela, e isso o ajudará a tratar o dia com mais gentileza e compreensão.

O sino

Às vezes precisamos de um som que nos traga de volta a respiração consciente. Chamamos tais sons de "sinos da consciência plena". Em Plum Village e em outros centros de prática da minha tradição, nós paramos toda vez que ouvimos o telefone tocar, o carrilhão do relógio soar ou os sinos do mosteiro badalando. Esses são os nossos sinos da consciência plena. Quando ouvimos o som do sino paramos de falar e de nos mover. Relaxamos o corpo e ficamos atentos à nossa respiração. Fazemos isso naturalmente, com prazer e sem solenidade ou rigidez. Quando paramos para respirar e restaurar nossa calma e nossa paz, tornamo-nos livres, nosso trabalho se torna mais prazeroso e o amigo à nossa frente se torna mais real.

Às vezes nosso corpo está em casa, mas não estamos realmente em casa. Nossa mente está em outro lugar. O sino pode ajudar a trazer a mente de volta ao corpo. É assim que praticamos em um templo. Como o sino consegue nos trazer de volta a nós mesmos, de volta ao momento presente, o consideramos como um amigo, um bodisatva que nos ajuda a despertar, mais uma vez, para nós mesmos.

Em casa, podemos usar o som do telefone tocando, os sinos da igreja próxima, o choro de um bebê ou até mesmo o som da sirene ou do alarme de um carro como os sinos de consciência plena. Com apenas três respirações conscientes podemos soltar a tensão do nosso corpo e da nossa mente e voltar a um estado de ser tranquilo e lúcido.

No Vietnã, eu estava acostumado a ouvir o sino do templo budista. Quando vim para o Ocidente, não havia sinos budistas; eu só ouvia o sino da igreja. Um dia, quando já estava na Europa há muitos anos, eu estava andando em meditação em Praga quando, de repente, ouvi o som do sino da igreja e, pela primeira vez, fui capaz de tocar profundamente o espírito da Europa Antiga. Desde então, toda vez que escuto o sino da igreja, seja na Suíça, França ou Rússia, eu entro profundamente em contato com o espírito europeu. Para aqueles entre nós que não estão se treinando, o som do sino não significa muito. Mas se nos treinarmos o som terá um significado muito espiritual para nós, e despertará em nós as coisas mais maravilhosas.

Em nossa tradição, não dizemos "bater" o sino; nós dizemos "convidar o sino a soar". E a pessoa que convida o sino é chamada de "o mestre do sino". Chamamos o bastão de madeira que convida o sino a soar de "convidador". Existem muitos tipos de sino: sinos grandes, que podem ser ouvidos por toda vila ou vizinhança; sinos menores que anunciam atividades e que podem ser ouvidos por todo o centro de prática; o sino tigela dos salões de meditação, que nos ajuda nas práticas de respirar e sentar, e também existe o sininho, um dos menores sinos, que cabe no bolso e podemos levá-lo conosco para onde formos.

É muito importante nos treinarmos para sermos capazes de convidar o sino a soar. Se estivermos fortes, despertos, livres e muito conscientes, o som do sino que oferecemos poderá ajudar muitas pessoas a tocar o que há de mais profundo nelas.

A prática

Quando você é um mestre do sino e quer convidar o sino a soar, a primeira coisa que você faz é se curvar (com as palmas das mãos juntas em frente ao tórax) reverenciando o sino. O sino é como um amigo que o ajuda a trazer sua mente de volta ao corpo. Quando a mente e o corpo se unem, rapidamente ficamos no aqui e agora, e podemos viver nossa vida em plenitude.

Se você tiver um sininho que caiba em sua mão, depois de tê-lo cumprimentado, pegue-o e sustente-o na mão espalmada. Imagine que sua mão é uma flor de lótus com cinco pétalas e o sininho é uma joia dentro dessa flor. Enquanto o segura dessa forma, você pratica inspirando e expirando conscientemente. Tem um poema que o ajudará a trazer a mente de volta ao corpo, para que possa estar verdadeiramente presente. Se não estiver realmente presente no aqui e agora, você não poderá ser um bom mestre do sino. Então, depois de ter inspirado e expirado duas vezes junto com este poema, você estará qualificado para ser um mestre do sino.

> *Com o corpo, fala e mente em perfeita unidade,*
> *envio meu coração com o som deste sino.*
> *Que os ouvintes despertem do esquecimento*
> *e transcendam o caminho da ansiedade e aflição.*

Quatro versos: um verso para inspirar, outro para expirar; um verso para inspirar, outro para expirar. Se não se lembrar deste gatha (poema), tudo bem. Você pode apenas inspirar curtindo sua inalação e expirar curtindo sua exalação. Isso também o fará um mestre do sino. Mas, este poema é muito bonito. Agora você está pronto para convidar o sino a soar.

Dê um leve toque para gentilmente acordar o sino. Este é um aviso prévio muito importante para o sino e para as pessoas. Você está sendo gentil com o sino para ele não se surpreender. E você quer advertir as pessoas que um forte som de sino está prestes a acontecer, para que elas possam se preparar para recebê-lo, ficando verdadeiramente presentes. No centro de prática, o som do sino é como a voz de Buda vindo do nosso interior, chamando-nos de volta pra casa. Quando você acorda o sino, as pessoas param de pensar e conversar, e retornam à respiração enquanto esperam pelo som forte dele. Você tem que lhes dar tempo suficiente para se prepararem para receber todo o som do sino, então você lhes dá o tempo de uma inspiração e uma expiração para elas se aprontarem. Elas podem estar entusiasmadas falando alguma coisa ou pensando em algo. Mas, quando ouvem o leve toque do sino, sabem que devem parar – parar de pensar, parar de conversar, parar de fazer coisas – e se prepararem para estarem prontas para ouvir o sino.

Depois você convida o sino a soar plenamente. Inspire e expire profundamente três vezes. Se sentir prazer inspirando e sentir prazer expirando, então, após três inspirações e três expirações, você fica relaxado, calmo, sereno, consciente. Você pode recitar este poema para si mesmo enquanto inspira e expira:

> *Escute, escute,*
> *este som maravilhoso*
> *me traz de volta*
> *ao meu verdadeiro lar.*

"Escute, escute" significa escute com todo o coração enquanto inspira. "Meu verdadeiro lar" é a vida com todas as suas maravilhas, as que estão disponíveis no aqui e agora. Se praticar bem, o Reino de Deus e a Terra Pura de Buda estarão ao seu alcance toda vez que você retornar ao lar dentro de si ouvindo o sino.

Meditando ao telefone

Não subestime o poder que suas palavras têm quando você usa a fala correta. As palavras que dizemos podem construir compreensão e amor, podem ser belas como pedras preciosas, encantadoras como flores e podem fazer muitas pessoas felizes. Mas, geralmente, quando falamos ao telefone, estamos muito ocupados, fazendo muitas coisas ao mesmo tempo para focar em nossa fala.

O telefone é um meio de comunicação muito conveniente e o celular ainda mais. Ele pode nos poupar tempo de locomoção e despesas. Mas o telefone também pode nos tiranizar. Se ele estiver sempre tocando, somos interrompidos e não conseguimos realizar muita coisa. Se conversarmos ao telefone sem consciência nós desperdiçaremos tempo e dinheiro preciosos. Geralmente dizemos coisas sem importância, enquanto a nossa volta está toda a alegria do momento presente: uma criança querendo segurar nossa mão, um pássaro cantando, o sol brilhando.

Quando o telefone toca, aquele som gera em nós um tipo de vibração, de ansiedade talvez: "Quem está me ligando? São notícias boas ou ruins?" Existe uma força que nos puxa para o telefone; não conseguimos resistir. Podemos nos tornar uma vítima do nosso próprio telefone.

A prática

Da próxima vez que seu telefone tocar, fique exatamente onde está e se conscientize da sua respiração: "Inspirando, eu acalmo meu corpo. Expirando, eu sorrio". Quando o telefone toca a segunda vez, respire novamente. Quando tocar a terceira vez, continue praticando a respiração e então o atenda. Lembre-se: você pode ser o seu próprio mestre, movendo-se como um Buda, permanecendo em consciência plena. Quando responder o telefone, você está sorrindo, não apenas para o seu próprio bem, mas para o bem da outra pessoa. Se estiver irritado ou zangado, a outra pessoa receberá sua negatividade. Mas como você está sorrindo, que felizarda ela é!

Antes de dar um telefonema, inspire e expire duas vezes e recite este verso:

> As palavras podem viajar milhares de quilômetros.
> Que minhas palavras possam criar compreensão e amor mútuos.
> Que elas possam ser tão belas quanto pedras preciosas,
> tão encantadoras quanto flores.

Então pegue o telefone e disque. Quando o telefone chamar, talvez seu amigo esteja respirando e sorrindo e não atenda a chamada até o terceiro toque. Continue a praticar: "Inspirando, eu acalmo meu corpo. Expirando, eu sorrio". Ambos estão ao telefone respirando e sorrindo. Isso é lindo! Você não precisa entrar numa sala de meditação para praticar esta maravilhosa meditação. Ela pode ser praticada em sua casa ou escritório. Praticar meditando ao telefone pode neutralizar estresse e depressão, e levar Buda à sua vida cotidiana.

Cumprimentando

Quando cumprimentamos alguém o reverenciando com as mãos unidas junto ao peito, temos a chance de estar presente com aquela pessoa e de reconhecer o potencial, nosso e da outra pessoa, de ser plenamente consciente. Nós não nos curvamos para cumprimentar o outro apenas para sermos educados ou diplomáticos, mas para reconhecer o milagre de estarmos vivos e o potencial que cada um tem de ser consciente. Curvar o corpo ou a cabeça em reverência, ou não se curvar não é a questão. O importante é estar consciente.

A prática

Quando virmos alguém juntando as palmas das mãos e se curvando para nos cumprimentar, podemos fazer o mesmo. Com as palmas das mãos juntas, inspiramos e dizemos silenciosamente: "Um lótus pra você". Baixando a cabeça e expirando, dizemos: "Um Buda a ser". Fazemos isso com consciência plena, realmente conscientes da pessoa que está ali a nossa frente. Curvamo-nos com toda a sinceridade do nosso coração. Às vezes, quando sentimos uma profunda conexão com o que está a nossa frente, um senso de admiração pelas maravilhas da vida – seja uma flor, um pôr do sol, uma árvore, ou as gotinhas geladas da chuva –, podemos também nos curvar de mãos postas, oferecendo nossa presença e gratidão.

Quando nos curvamos diante de Buda, estamos realmente reconhecendo dentro de nós a capacidade inata de ser desperto. O respeito ao Buda, quando compreendido e praticado dessa forma, não é meramente devocional, mas também uma prática de sabedoria. Quando reverenciamos os grandes bodisatvas, tocamos profundamente as qualidades que eles representam e sentimos profunda gratidão por aqueles que seguem o exemplo deles. Ao demonstrar respeito pelos grandes bodisatvas, estamos também demonstrando nosso compromisso de praticar o caminho do bodisatva, e de cultivar a energia da compreensão, do amor e da compaixão dentro de nós. Cumprimentar neste espírito é uma prática de meditação.

Gathas

Respirar, sentar e caminhar meditando é maravilhoso, mas em nossa vida cotidiana podemos estar tão ocupados que esquecemos nossa intenção de respirar e andar conscientemente. Um método que nos ajuda a viver no momento presente é praticar com gathas ou poemas que despertem a consciência plena. Gathas são poemas curtos que nos auxiliam a praticar a atenção cuidadosa em nossas atividades diárias. Um gatha pode abrir e aprofundar nossas experiências de ações simples que nos esquecemos de apreciar ou agradecer. Focando nossa mente num gatha, voltamo-nos interiormente e nos tornamos mais conscientes de cada ação. Quando o gatha termina, continuamos nossa atividade com uma consciência mais elevada. Em Plum Village, onde eu moro, nós praticamos gathas quando acordamos, quando entramos no salão de meditação, durante as refeições e quando lavamos os pratos. Na verdade, recitamos gathas silenciosamente o dia inteiro para nos ajudar a prestar atenção ao momento presente.

Quando dirigimos um carro, as placas podem nos ajudar a encontrar nosso rumo. Ao ver uma placa, ela pode nos orientar ao longo do caminho até a próxima placa. A prática com gathas orienta nossas atividades diárias e podemos viver o dia inteiro em estado de consciência plena.

A prática

Ao abrir uma torneira, contemple profundamente e veja como a água é preciosa. Lembre-se de não desperdiçar uma única gota, pois há muita gente no mundo que não tem água suficiente para beber.

> *A água escorre desde o alto das montanhas.*
> *A água corre no fundo da Terra.*
> *Milagrosamente a água chega até nós*
> *e sustenta toda a vida.*

Enquanto escova os dentes, você pode se comprometer a falar amorosamente com este gatha:

> *Escovando os meus dentes e enxaguando minha boca,*
> *eu me comprometo a falar de forma pura e amorosa.*
> *Quando minha boca está perfumada com a fala correta,*
> *uma flor viceja no jardim do meu coração.*

Antes de ligar o motor do seu carro, você pode se preparar para uma viagem segura, recitando o gatha de dar partida no carro:

> *Antes de ligar o carro,*
> *eu sei onde estou indo.*
> *O carro e eu somos um.*
> *Se o carro corre veloz,*
> *eu corro velozmente.*

O gatha reúne sua mente e corpo. Com uma mente clara e calma, plenamente atenta às atividades do seu corpo, você estará menos propenso a sofrer um acidente de carro.

Gathas são alimentos para sua mente e corpo, dando-lhe a paz, a calma e a alegria, que você pode compartilhar com os outros. Os poemas o ajudam a levar a prática ininterrupta da meditação a todos os momentos do seu dia. Você pode começar com os gathas aqui apresentados e encontrar mais no livro *Momento presente, momento maravilhoso* (Editora Sextante), ou escrever os seus próprios gathas[4]. Escrever nossos próprios gathas é uma antiga tradição Zen que recebi do meu professor e passo adiante aos meus alunos.

---

4. Cf. THICH NHAT HANH. *Present Moment Wonderful Moment: Mindfulness Verses for Daily Living.* • *Present Moment Wonderful Moment: 52 Inspirational Cards and a Companion Book.* Berkeley, CA: Parallax Press, 2006.

Cheguei, estou em casa!

*I*magine que você está num avião indo para Nova York. Logo que se acomoda nele, você pensa: "tenho que ficar sentado aqui por seis horas antes da chegada". Sentado no avião você só pensa em Nova York e não consegue viver os momentos que estão sendo oferecidos a você no agora. Mas é possível caminhar até o avião de um modo que apreciemos cada passo. Você não precisa chegar a Nova York para se sentir feliz e em paz. Enquanto caminha até o avião, cada passo lhe traz felicidade e você chega a cada momento. Chegar significa "chegar a algum lugar". Quando praticamos a caminhada meditativa, em cada momento estamos chegando a algum lugar – chegamos ao destino da vida. O momento presente é um destino. Inspirando, eu dou um passo e outro, e digo a mim mesmo: "Cheguei, cheguei".

"Cheguei" é a nossa prática. Quando inspiramos, nos refugiamos em nossa inspiração e dizemos: "Cheguei". Quando damos um passo, refugiamo-nos em nosso passo e dizemos: "Cheguei". Isso não é uma declaração para você mesmo ou para outra pessoa. "Cheguei" significa parei de correr. Cheguei ao momento presente, porque somente o momento presente contém vida. Quando inspiro e me refugio em minha inspiração, toco a vida profundamente. Quando dou um passo e me refugio inteiramente no meu passo, eu também toco a vida profundamente, e ao fazer isso paro de correr.

Parar de correr é uma prática muito importante. Estivemos correndo por toda nossa vida. Acreditamos que paz, felicidade e sucesso estão presentes em algum outro lugar e tempo. Não sabemos que toda paz, felicidade e estabilidade devem ser procuradas no aqui e agora. É este o endereço da vida: a interseção do aqui com o agora.

Quando praticamos esta meditação, chegamos a cada momento. Nosso verdadeiro lar existe no momento presente. Quando penetramos profundamente o momento presente, nossos arrependimentos e nossas tristezas desaparecem e descobrimos a vida com todas as suas maravilhas.

A prática

Cheguei, estou em casa.
No aqui, no agora.
Estou firme. Eu sou livre.
Eu vivo na dimensão última.

Esta poesia é maravilhosa para ser praticada durante a caminhada meditativa. Enquanto inspira, você diz: "Cheguei" a cada passo, e enquanto expira você diz: "Em casa" a cada passo. Se sua contagem for 2-3, você diz: "Cheguei, cheguei. (Em) casa, casa, casa", coordenando palavras com passos de acordo com o ritmo da sua respiração.

Após praticar "cheguei, estou em casa" por certo tempo, se você se sentir relaxado e completamente consciente do momento presente em cada passo e em cada respiração, você pode trocar as palavras por "aqui/agora". As palavras são diferentes, mas a prática é a mesma.

Esta poesia também funciona bem quando sentamos em meditação. Inspirando, nós dizemos para nós mesmos: "Cheguei". Expirando, dizemos: "Estou em casa". Ao fazermos isso, superamos a dispersão e vivemos calmamente no momento presente, que é o único momento que podemos estar vivos.

"Cheguei" é uma prática, não uma afirmação ou declaração. Cheguei ao aqui e agora, e posso tocar profundamente a vida com todas as suas maravilhas. A chuva é uma maravilha; a luz do sol é uma maravilha; as árvores são uma maravilha; os rostos das crianças são uma maravilha. Existem tantas maravilhas na vida à sua volta e dentro de você. Seus olhos são uma maravilha. Você só precisa abri-los para enxergar todos os tipos de cores e formas. Seu coração é uma maravilha; se o seu coração parar de bater, nada pode continuar.

Quando você vai para a casa do momento presente, você toca as maravilhas da vida que estão dentro de você e ao seu redor. Apenas desfrute deste momento; você não precisa esperar até amanhã para ter paz e alegria. Ao inspirar, diga "cheguei" e assim, saberá se chegou ou não; saberá se ainda está correndo ou não. Mesmo quietamente sentado, você ainda pode estar correndo mentalmente. Quando sentir que chegou, você estará muito feliz. Você deverá dizer a seu amigo: "Querido amigo, eu realmente cheguei". Esta é uma notícia boa.

Tomando refúgio

Quando nos encontramos em situações perigosas ou difíceis, ou quando nos descontrolamos, podemos praticar tomando refúgio. Ao invés de entrar em pânico ou nos entregar ao desespero, podemos confiar no poder da autocura, da autocompreensão e amor dentro de nós. Chamamos isto de "a ilha dentro de nós", onde podemos nos refugiar. Esta é uma ilha de paz, confiança, solidez, amor e liberdade. Seja uma ilha dentro de si. Você não precisa procurá-la em outro lugar.

Queremos nos sentir seguros e protegidos; queremos nos sentir calmos. Então, quando uma situação parece turbulenta, opressiva e cheia de sofrimento, temos que praticar tomando refúgio em Buda, o nosso Buda interior. Cada um de nós tem dentro de si a semente búdica, a capacidade de ser calmo, compreensivo, compassivo e de tomar refúgio na ilha segura dentro de nós, para assim poder manter nossa humanidade, nossa paz, nossa esperança. Praticando desta forma, nós nos tornamos uma ilha de paz e compaixão, e podemos inspirar os outros a fazer o mesmo.

A prática

Use este gatha para voltar-se para dentro de si, onde quer que você esteja:

Inspirando, retorno à ilha dentro de mim.
Há lindas árvores nesta ilha,

córregos de água fresca,
Pássaros, sol e ar puro.
Expirando, sinto-me seguro.

Somos como um barco cruzando o oceano. Se o barco encontrar uma tempestade e todos se apavorarem, ele virará. Se existir uma pessoa no barco que consiga permanecer calma, esta pessoa poderá inspirar outras a ficarem calmas. Então haverá esperança para todos no barco. Quem é essa pessoa que pode se manter calma numa situação angustiante ou de perigo? Cada um de nós é essa pessoa. Contamos uns com os outros.

Os Cinco Treinamentos para uma Consciência Plena

Os Cinco Treinamentos para uma consciência plena são uma das formas mais concretas de praticarmos a diligência. Eles não são sectários, e sua natureza é universal. Eles realmente são práticas de compaixão e compreensão. Todas as tradições espirituais possuem seus equivalentes a estes Cinco Treinamentos, como diretrizes, sinalizadores de como devemos responder às mais variadas, às vezes insalubres, escolhas disponíveis em nossa sociedade.

O primeiro treinamento é para protegermos a vida, diminuir a violência em cada um de nós, na família e na sociedade. O segundo treinamento é para praticarmos a justiça social, a generosidade, não roubando e não explorando outros seres vivos. O terceiro é a prática do comportamento sexual responsável a fim de proteger os indivíduos, os casais, a família e as crianças. O quarto é a prática de ouvir profundamente e falar amavelmente para restaurar a comunicação, e possibilitar que a reconciliação aconteça. O quinto, sobre o consumo consciente, é para nos ajudar a não intoxicar e envenenar nosso corpo e mente; não consumindo programas de televisão, revistas, filmes etc. que contenham muitos venenos, tais como violência, obsessão e ódio.

Os Cinco Treinamentos para uma Consciência Plena estão baseados nos preceitos desenvolvidos na época de Buda, para serem o fundamento da prática de toda a comunidade laica.

Eu traduzi estes preceitos para a atualidade como Os Cinco Treinamentos para uma Consciência Plena, porque a atenção diligente está na base de cada um deles. Com atenção, estamos conscientes do que acontece em nosso corpo, nossos sentimentos, em nossa mente e no mundo, e evitamos causar danos a nós mesmos e aos outros. Uma cuidadosa atenção protege a nós, a nossa família e sociedade, assegurando um presente seguro e feliz, e um futuro seguro e feliz. Quando estamos plenamente conscientes, podemos compreender que, abstendo-nos de fazer isso, impedimos que aquilo aconteça. Chegamos a ter um *insight* próprio e original, que não é algo imposto a nós por uma autoridade externa. É o fruto de nossa própria observação. A prática dos treinamentos da consciência plena nos ajuda, portanto, a ser mais calmos e concentrados, traz mais discernimento e iluminação, que fortalecem mais nossa prática destes treinamentos.

Nos centros de prática da minha tradição, os monásticos e pessoas laicas concordam em observar estes treinamentos para fortalecer a nossa prática de viver consciente e harmoniosamente juntos. Em nossos centros de prática, não fumar, não consumir bebida alcoólica e abster-se da conduta sexual imprópria fazem parte dos Cinco Treinamentos para uma Consciência Plena.

Qualquer um, a qualquer momento, pode decidir viver observando os Cinco Treinamentos para uma Consciência Plena. Quando praticamos estes treinamentos, tornamo-nos bodisatvas ajudando a criar harmonia, protegendo o meio ambiente, salvaguardando a paz e cultivando a irmandade. Não apenas preservamos as belezas da nossa própria cultura, mas as de outras culturas também, e todas as belezas da Terra. Com os Cinco Treinamentos para uma Consciência Plena em nossos corações, nós já estamos no caminho da transformação e da cura.

A prática[5]

Irmãs e irmãos da comunidade, este é um momento de nos deleitarmos recitando juntos *Os Cinco Treinamentos para uma Consciência Plena*. Esses treinamentos representam a visão budista para uma ética e espiritualidade globais; e são expressões concretas dos ensinamentos de Buda sobre *As Quatro Nobres Verdades* e *O Nobre Caminho Óctuplo*, o caminho da compreensão correta e amor verdadeiro, que levam à cura, à transformação e à felicidade nossa e do mundo. Praticar esses cinco treinamentos significa cultivar o *insight* da interexistência, ou visão correta, que pode remover toda discriminação, intolerância, raiva, medo e desespero. Se vivermos de acordo com esses cinco treinamentos já estaremos no caminho de um(a) bodisatva. E, sabendo que estamos neste caminho, não nos perderemos em confusão relativa a nossa vida presente tampouco em medos relativos ao futuro. Eis *Os Cinco Treinamentos para uma Consciência Plena*:

---

5. A prática da recitação dos *Cinco Treinamentos para uma Consciência Plena* é feita regularmente nos mosteiros de Plum Village e todos os membros da comunidade são convidados a participar, monásticos e laicos, iniciados e não iniciados. As pessoas iniciadas são advertidas a não passarem mais de um mês sem reler e contemplar estes treinamentos [N.T.].

1. Reverência pela vida

Consciente do sofrimento causado pela destruição da vida, estou comprometido(a) a cultivar o *insight* do interser, a compaixão, e aprender formas de proteger a vida de pessoas, animais, plantas e minerais. Estou determinado(a) a não matar, a não deixar que outros matem e a não apoiar qualquer ato mortífero no mundo, em meu pensamento e modo de viver. Compreendendo que ações prejudiciais surgem da raiva, do medo, da ganância e da intolerância, que por sua vez nascem do pensamento dualista e discriminativo, cultivarei abertura, indiscriminação, e desprendimento com relação a pontos de vista, para transformar a violência, o fanatismo e dogmatismo em mim e no mundo.

2. A verdadeira felicidade

Consciente do sofrimento causado pela exploração, injustiça social, roubo e opressão, estou comprometido(a) a praticar a generosidade em meu modo de pensar, falar e agir. Estou determinado(a) a não roubar e a não possuir qualquer coisa que deveria pertencer aos outros; e a compartilhar meu tempo, energia e recursos materiais com os necessitados. Praticarei contemplando profundamente para compreender que a felicidade e o sofrimento dos outros não estão separados da minha própria felicidade e sofrimento; que a verdadeira felicidade não é possível sem compreensão e compaixão; e que correr atrás de riqueza, fama, poder e prazeres sensuais pode trazer muito sofrimento e desespero. Estou consciente de que a felicidade depende de minha atitude mental e não de condições externas. Sei que posso viver alegremente no momento presente apenas me lembrando de que já tenho condições mais do que suficientes para ser feliz. Comprometo-me a adotar um Estilo de Vida Correto para que eu possa reduzir o sofrimento dos seres vivos na Terra e reverter o processo de aquecimento global.

3. O verdadeiro amor

Consciente do sofrimento causado pela má conduta sexual, estou comprometido(a) a cultivar responsabilidade e aprender formas de proteger a segurança e integridade dos indivíduos, casais, famílias e sociedade. Sabendo que o desejo sexual não é amor, e que atividade sexual motivada pelo desejo ardente prejudica a mim e aos outros, estou determinado(a) a não me engajar em relações sexuais sem amor verdadeiro e um compromisso profundo e duradouro levado ao conhecimento dos meus familiares e amigos. Farei tudo o que estiver ao meu alcance para proteger as crianças de abuso sexual e impedir que casais e famílias se separem devido à má conduta sexual. Compreendendo que o corpo e a mente são uno, comprometo-me a aprender formas apropriadas de cuidar da minha energia sexual e cultivar a bondade amorosa, compaixão, alegria e inclusão – que são os quatro elementos básicos do amor verdadeiro – para uma felicidade maior minha e de todos. Praticando o amor verdadeiro, nós sabemos que continuaremos lindamente no futuro.

4. A fala amorosa e a escuta profunda

Consciente do sofrimento causado pela fala descuidada e inabilidade de escutar os outros, estou comprometido(a) a cultivar a fala amorosa e a escutar compassivamente para aliviar o sofrimento e promover a reconciliação e a paz dentro de mim, e entre outras pessoas, grupos étnicos, religiosos e nações. Sabendo que as palavras podem criar felicidade ou sofrimento, estou comprometido a falar a verdade usando palavras que inspirem confiança, alegria e esperança. Quando a raiva estiver manifesta dentro de mim estou determinado(a) a não falar. Praticarei respirando e andando conscientemente para reconhecer e compreender minha raiva profundamente. Sei que as raízes da raiva podem ser encontradas em minhas percepções errôneas e na incompreensão do sofrimento existente em mim e na outra pessoa. Falarei e escutarei de uma maneira que possa ajudar a mim e a outra pessoa a transformar o sofrimento e encontrar uma saída para as situações difíceis. Estou determinado a não espalhar notícias que não sei se são verídicas, e a não proferir palavras que possam causar divisão ou discórdia. Praticarei a Diligência Correta para nutrir minha capacidade de compreender, amar, ser alegre e inclusivo(a), e a minha capacidade de transformar gradualmente a raiva, a violência e o medo que repousam nas profundezas da minha consciência.

5. Nutrição e cura

Consciente do sofrimento causado pelo consumo inconsequente, estou comprometido(a) a comer, beber e consumir conscientemente para cultivar a saúde física e mental, minha, da minha família e da sociedade. Praticarei contemplando profundamente como estou consumindo *Os Quatro Tipos de Nutrientes*, a saber: alimentos comestíveis, impressões sensoriais, volição e consciência. Estou determinado a não participar de jogos de azar, ou usar bebidas alcoólicas, drogas ou quaisquer outros produtos que contenham toxinas, como certos websites, jogos eletrônicos, programas de televisão, filmes, revistas, livros e conversas. Praticarei retornando ao momento presente para estar em contato com os elementos revigorantes, saudáveis e nutritivos em mim e à minha volta, não permitindo que remorsos e aflições me arrastem de volta ao passado, e não permitindo que ansiedades, medos ou desejos intensos me tirem do momento presente. Estou determinado(a) a não tentar encobrir minha solidão, ansiedade ou outro sofrimento através do consumismo. Contemplarei sobre a interexistência e consumirei de um modo que preserve a paz, a alegria e o bem-estar no meu corpo e consciência, e no corpo e consciência coletiva da minha família, da sociedade e do planeta Terra.

Práticas de alimentação

Alimentação consciente

*O pão em minha mão é o
corpo do cosmos.*

Comer é uma prática meditativa. Devemos procurar oferecer nossa total presença a toda refeição. Enquanto servimos nossa comida, já podemos começar a praticar. Ao nos servir compreendemos que muitos elementos, como a chuva, a luz solar, a terra, o cuidado dos agricultores e cozinheiros, reuniram-se para criar esta refeição maravilhosa. Na verdade, por meio deste alimento compreendemos que o universo inteiro está sustentando nossa existência.

Ter a oportunidade de sentar e saborear um lindo prato de comida é algo precioso que nem todos têm. Muitas pessoas no mundo passam fome. Quando seguro uma tigela de arroz ou um pedaço de pão, sei que sou afortunado e sinto compaixão por todos os que não têm o que comer, e estão sem amigos ou família. Esta é uma prática muito profunda. Não precisamos ir a um templo ou igreja para praticá-la. Podemos praticá-la em nossa mesa de jantar. Alimentando-nos conscientemente podemos cultivar sementes de compaixão e compreensão, que nos dão força para fazer algo que ajude os famintos e abandonados a serem nutridos.

A prática

Fazer uma refeição plenamente consciente é uma prática importante. Desligue a televisão, guarde o jornal e trabalhe junto por cinco ou dez minutos colocando a mesa e terminando o que precisa ser feito. Durante estes poucos minutos você pode ser muito feliz. Quando a comida estiver na mesa e todos estiverem sentados, pratique a respiração: "inspirando, acalmo meu corpo. Expirando, sorrio", três vezes.

Então olhe para cada pessoa enquanto inspira e expira para entrar em contato consigo mesmo e com todos à mesa. Você não precisa de duas horas para ver a outra pessoa. Se estiver realmente assentado dentro de si, você só precisará olhar por um ou dois segundos e será o suficiente para ver seu amigo ou familiar. Eu penso que, numa família de cinco pessoas, apenas cinco ou dez segundos serão necessários para praticar este "olhar e ver".

Depois de respirar, sorria. Sentar à mesa com outras pessoas é uma oportunidade de ofertar um sorriso autêntico de amizade e compreensão. É muito fácil, mas poucas pessoas fazem isso. Para mim, a parte mais importante dessa prática é olhar para cada pessoa e sorrir. Se as pessoas comendo juntas não conseguem sorrir umas para as outras, a situação é muito perigosa.

Após respirar e sorrir, olhe para a comida de um jeito que a possibilite tornar real. Esta comida revela sua conexão com a Terra. Cada porção contém a vida do sol e da terra. Depende de nós o quanto nossa comida se revela. Você pode ver e provar todo o universo num pedaço de pão! Contemplar sua comida por alguns segundos, antes de comer e comer plenamente consciente, pode proporcionar a você muita felicidade.

Ao terminar a refeição, passe algum tempo observando que você terminou. Sua tigela agora está vazia e sua fome saciada. Você pode agradecer por ter tido este nutritivo alimento para comer, sustentando-lhe no caminho do amor e compreensão.

> *A refeição terminou, minha fome está saciada.*
> *Eu me comprometo a viver em benefício de todos os seres.*

De tempos em tempos, você pode querer tentar a prática de comer em silêncio com sua família ou amigos. Comer em silêncio nos permite ver a preciosidade da comida e dos amigos, e também nosso relacionamento íntimo com a Terra e todas as espécies. Cada vegetal, cada gota de água, cada pedaço de pão contêm em si a vida de todo planeta e do sol. Em cada pedaço de comida podemos saborear o significado e o valor de nossa vida. Podemos meditar nas plantas e nos animais, no trabalho dos agricultores e nos milhares de crianças que morrem todos os dias por falta de comida. Sentando silenciosamente à mesa com outras pessoas, nós também temos a oportunidade de vê-las clara e profundamente, e de sorrir para comunicar amor e amizade verdadeiros. A primeira vez que você come em silêncio pode parecer estranho, mas, depois que você se acostuma às refeições em silêncio, elas podem trazer muita paz, alegria e *insight*. É como desligar a televisão antes de comer. Às vezes "desligamos" a conversa para desfrutar a comida e a presença um do outro.

Não recomendo refeições silenciosas todos os dias. Acho que conversar uns com os outros é uma forma maravilhosa de se relacionar. Mas temos que distinguir os vários tipos de conversa. Alguns assuntos podem nos afastar, por exemplo, se falarmos dos defeitos dos outros. A comida que foi preparada cuidadosamente não terá valor algum se deixarmos esse tipo de conversa dominar nossa refeição. Por outro lado, quando conversamos sobre coisas que nutrem nossa consciência do alimento e de estarmos acompanhados, cultivamos um tipo de felicidade que é necessária ao nosso crescimento. Comparando essa experiência com a experiência de falar dos defeitos dos outros, acho que a experiência de saborear um pedaço de pão é muito mais nutritiva. Ela nos traz vida e torna a vida real.

Eu proponho que, enquanto come, você evite discutir assuntos que possam destruir sua consciência da família e da comida. Mas você deve se sentir livre para dizer coisas que possam nutrir a consciência e a felicidade. Por exemplo, se tem um prato que você gosta muito, você pode ver se outras pessoas também estão gostando dele e se alguém não estiver você pode ajudá-lo a apreciar o delicioso prato preparado com cuidado amoroso. Se alguém estiver pensando em algo que não seja a boa comida na mesa, como suas dificuldades no trabalho ou com os amigos, isso significa que essa pessoa está desperdiçando o momento presente e a comida. Você pode dizer: "Este prato é maravilhoso, concorda?" Quando diz algo assim, você vai afastá-la dos pensamentos e preocupações e trazê-la de volta ao aqui e agora, apreciando você, apreciando a maravilhosa refeição. Você se torna um bodisatva ajudando um ser vivo a se iluminar.

Em nossos centros de prática, nós convidamos o sino a soar três vezes antes de comer, e depois comemos em silêncio por cerca de vinte minutos. Comendo em silêncio estamos totalmente conscientes de nossa nutrição alimentar. A fim de aprofundar nossa prática de nos alimentar conscientemente, e manter o clima de paz, nós permanecemos sentados durante esse período de silêncio. No final desse tempo, o sino será convidado a soar duas vezes. Podemos então começar a conversar conscientemente com nosso amigo, ou começar a nos levantarmos da mesa.

As Cinco Contemplações

Contemplar nosso alimento por alguns segundos antes de comer, e comer conscientemente, pode nos proporcionar muita felicidade. Em nossos centros de prática, usamos as Cinco Contemplações como um meio de nos lembrarmos da origem de nossa comida e do seu propósito.

A primeira contemplação é estar cônscio de que nosso alimento vem diretamente da terra e do céu. Ele é uma dádiva do céu e da terra, e também das pessoas que o prepararam. A segunda contemplação diz respeito ao nosso merecimento do alimento que comemos. A forma de ser digno do nosso alimento é comendo conscientemente: cônscio de sua presença e grato por tê-lo. Não podemos permitir que nos percamos em preocupações, medos ou raiva relativos ao passado ou futuro. Estamos presentes para a comida, porque a comida está presente para nós; isto é simplesmente justo. Coma conscientemente e será merecedor do céu e da terra.

A terceira contemplação é sobre se tornar atento às nossas tendências negativas e não permitir que elas nos arrastem. Precisamos aprender a comer com moderação, ingerindo a quantidade certa de alimento. A tigela usada por monges ou monjas é chamada de "instrumento de medida apropriada". É muito importante não comer demais. Se você comer devagar e mastigar cuidadosamente, conseguirá nutrição em abundância. A quantidade certa de comida é aquela que nos ajuda a permanecer saudáveis.

A quarta contemplação diz respeito à qualidade do nosso alimento. Estamos determinados a ingerir somente alimentos que não intoxiquem nosso corpo e consciência; alimentos que nos mantenham saudáveis e alimentem nossa compaixão. Isto é alimentação consciente. Buda disse que se você comer de modo a destruir a compaixão dentro de si é como comer a carne dos próprios filhos. Então pratique alimentando-se de um modo que mantenha viva a compaixão dentro de você.

A quinta contemplação é estar consciente de que recebemos o alimento para realizar algo. Nossas vidas devem ter sentido e este sentido é ajudar as pessoas a sofrerem menos; ajudá-las a estar em contato com as alegrias da vida. Quando temos compaixão em nosso coração e sabemos que somos capazes de ajudar uma pessoa a sofrer menos, a vida começa a ter mais significado. Este é um alimento muito importante para nós e pode nos proporcionar muita alegria. Uma única pessoa é capaz de ajudar muitos seres vivos. Isto é algo que podemos fazer em qualquer lugar.

A prática[6]

A Sanga está convidada a saborear esta refeição em consciência plena, sabendo que enquanto comemos, estamos nutrindo nossos ancestrais e nossos descendentes. Ao mesmo

---

6. Em Plum Village, essas cinco contemplações são normalmente lidas em voz alta por alguém, após o sino ter sido convidado a soar, enquanto os outros membros da comunidade escutam em silêncio e com atenção, sentados à mesa depois de todos terem servido o seu prato de comida [N.T.].

tempo, vamos nutrir nossa irmandade! Assim, abriremos um lindo caminho para todos nós desfrutarmos.

1. Este alimento é uma dádiva de todo universo: da terra, do céu, de inúmeros seres vivos; e é fruto de muito trabalho árduo, feito com amor.

2. Que nós possamos comer e viver com consciência e gratidão, para que sejamos dignos de receber este alimento.

3. Que nós possamos reconhecer e transformar nossas formações mentais prejudiciais, especialmente nossa voracidade.

4. Que nós possamos manter viva nossa compaixão, comendo de uma forma que reduza o sofrimento dos seres vivos, preserve nosso planeta e reverta o processo de aquecimento global.

5. Nós aceitamos este alimento para desenvolver a nossa Sanga, fortalecer nosso sentimento de sermos todos irmãos e irmãs, e nutrir nosso ideal de servir os seres vivos.

Na cozinha

*Nestes legumes viçosos
vejo um sol verde.
Todos os darmas se reúnem
para tornar a vida possível.*

A cozinha pode ser um espaço de prática meditativa. Vamos ficar atentos quando estivermos cozinhando ou limpando. Podemos executar nossas tarefas de maneira relaxada e serena, seguindo nossa respiração e mantendo-nos concentrados no trabalho.

A prática

Em sua própria cozinha, você poderia criar um altar de cozinha para se lembrar de colocar em prática a consciência plena enquanto estiver cozinhando. Pode ser apenas uma pequena prateleira com espaço suficiente para um incensário e talvez um pequeno vaso de flores, uma bela pedra e uma pequena fotografia de um ancestral ou mentor espiritual, ou uma estátua de Buda ou bodisatva – o que for mais significativo para você. Ao entrar na cozinha, você pode começar o seu trabalho oferecendo incenso e praticando a respiração consciente, transformando a cozinha num espaço de meditação.

Enquanto estiver cozinhando, permita-se ter tempo suficiente para não se sentir apressado. Esteja consciente de que você e qualquer outra pessoa para quem você está cozinhando dependem dessa comida para praticar. Essa consciência guiará você a cozinhar uma comida saudável, infundida de amor e consciência plena.

Quando estiver limpando a cozinha ou lavando os pratos, faça como se estivesse limpando o altar de um salão de meditação ou dando banho no Buda bebê. Lavando dessa forma, você poderá sentir alegria e paz se manifestando dentro de si e à sua volta.

Lavar os pratos
é como dar banho no Buda bebê.
O profano é sagrado.
A mente diária é a mente de Buda.

A meditação do chá

A meditação do chá é um momento de estarmos com nossa comunidade num clima de alegria e serenidade. Só o fato de saborear nosso chá juntos já é suficiente. É como um momento de dar "notícias boas", quando compartilhamos nossa alegria e felicidade por estarmos juntos.

Às vezes, quando estamos tomando chá com um amigo, não estamos conscientes do chá ou até mesmo do nosso amigo ali sentado. Praticar a meditação do chá é estar verdadeiramente presente com o nosso chá e os nossos amigos. Reconhecemos que podemos viver felizes no momento presente, apesar de todas as nossas tristezas e preocupações. Sentamos ali relaxadamente, sem ter que dizer coisa alguma. Se quisermos, podemos compartilhar uma canção, uma história ou uma dança.

Podemos querer levar um instrumento musical ou preparar algo previamente. Essa é uma oportunidade de aguarmos as sementes de felicidade e alegria, de compreensão e amor em cada um de nós.

A prática

Eis aqui a maneira como organizamos uma meditação formal do chá em Plum Village. As crianças gostam muito dessa prática. Elas podem ajudar saudando os convidados quando eles entram; alguma criança pode ser quem oferece o chá e os biscoitos ao Buda. Às vezes as crianças organizam suas próprias meditações da limonada, e convidam seus pais e amigos. Você pode modificar a cerimônia do chá adequando-a a qualquer ocasião. Essa meditação pode ser tão simples quanto compartilhar uma xícara de chá com um bom amigo.

Numa Cerimônia do Chá, tudo é cuidadosamente preparado. Os anfitriões da Cerimônia do Chá precisarão se reunir, enquanto grupo, com muita antecedência. Precisarão preparar o chá e os biscoitos, a sala de meditação, e prepararem-se com consciência plena para darem as boas-vindas aos seus convidados de honra.

Anfitriões

O mestre de chá, mestre de sino, oferecedor de incenso, oferecedor de chá (que oferece o chá para Buda); serventes de chá (dependendo do número de convidados, geralmente dois são necessários), ajudantes dos serventes de chá (um para cada servente de chá).

Itens necessários

Incenso, velas, fósforos, sino pequeno, sino grande, guardanapos (folhas podem ser usadas), biscoitos, chá e bules, bandejas, pratos com flores, e chá e biscoitos para oferenda de Buda.

Saudando os convidados

• Os anfitriões da meditação do chá ficam de pé em duas filas em cada lado da porta de entrada e, curvando-se com as palmas juntas ao peito, cumprimentam cada convidado que entra na sala de meditação. Os convidados passam entre os anfitriões e vão se sentando em sequência, ao redor da sala, virados para o centro, e são conduzidos até as suas almofadas pelos ajudantes do chá. Enquanto estiverem sentados, todos aproveitam para meditar, seguindo sua própria respiração em silêncio.

• Quando todos estiverem sido bem recebidos na sala, os anfitriões se sentam. O mestre de sino se levanta e convida o pequeno sino a soar, sinalizando para os participantes se levantarem e virarem para o altar.

Oferenda de incenso

• O mestre de chá e o oferecedor de incenso caminham atentamente em direção ao altar e o oferecedor de incenso acende o incenso. Após cumprimentarem-se, o oferecedor de incenso entrega o incenso ao mestre de chá e fica de pé ao lado dele.

• O mestre de sino convida o grande sino a soar três vezes. O mestre de chá entoa o cântico da oferenda de incenso antes de dar o incenso ao oferecedor de incenso, que o coloca no altar. Neste momento, se quisermos, podemos cumprimentar Buda e bodisatvas[7].

• O mestre de chá vira em direção à comunidade e saúda todos à Cerimônia do Chá: "Uma flor de lótus para vocês, todos Budas a ser!" O mestre de sino convida o pequeno sino a soar e todos se sentam.

---

7. Cf. THICH NHAT HANH. *Chanting from the Heart*. Berkeley, CA. Parallax Press, 2007, p. 28.

Ofertando ao Buda

• Um servente de chá entorna cuidadosamente o chá numa xícara para oferecê-la a Buda, e segura na altura de sua cabeça o prato ou bandeja com chá e biscoitos para a oferenda. O oferecedor de chá anda atentamente em direção ao servente de chá, o cumprimenta, pega o prato e anda até o mestre de chá. Ele se levanta, cumprimenta, pega o prato de Buda e caminha cuidadosamente até o altar, curva-se, ajoelha-se e coloca o prato no altar. Enquanto o prato está sendo colocado no altar, o mestre de sino convida o sino a soar. O oferecedor e o mestre de chá retornam às suas almofadas e se cumprimentam antes de sentarem. Se uma criança ou adolescente estiver presente, pode ser escolhido para colocar a oferenda no altar.

Servindo os convidados

• Os serventes de chá agora passam a bandeja com biscoitos. Um servente de chá oferece uma bandeja de biscoitos a um assistente. Sorrindo e com as mãos postas ofertando um lótus em gratidão, o assistente pega cuidadosamente um biscoito e um guardanapo, coloca-os no chão, e depois pega a bandeja. O assistente agora oferece biscoitos ao mestre de chá. A bandeja é então oferecida à pessoa sentada ao lado do assistente. Como descrito acima, cada pessoa pega um biscoito e um guardanapo antes de receber a bandeja e oferecê-la à próxima pessoa sentada no círculo.

• Enquanto os biscoitos são servidos, os serventes de chá inclinam o bule enchendo as xícaras referentes ao número de pessoas presentes. Quando as bandejas com os biscoitos retornam, as bandejas com as xícaras de chá são passadas de mão em mão no círculo, da mesma forma como os biscoitos.

Convite para compartilhar

Quando as bandejas vazias estão de volta, o mestre de chá oferece um gatha de apreciação ao chá e biscoito, e convida todos a apreciarem seu chá e biscoito.

O gatha do chá

> *Esta xícara de chá em minhas mãos,*
> *a consciência plena é retida com elegância.*
> *Meu corpo e minha mente vivem*
> *precisamente no aqui e agora.*

Após saborear o chá em silêncio por certo tempo, o mestre de chá convida as pessoas a compartilharem canções, poemas, experiências etc.

Finalizando a cerimônia

O mestre de sino deve anunciar que restam cinco minutos para a cerimônia terminar. A Cerimônia do Chá termina com três badaladas de sino. Primeiro, todos se levantam. Segundo, cumprimentam-se. E, terceiro, curvam-se com as mãos postas junto ao peito reverenciando o altar. Depois disso, os anfitriões são os primeiros a irem até a porta cumprimentar os convidados à medida que eles partem vagarosa e conscientemente.

Práticas corporais

Parar e descansar

Quando um animal da floresta adoece, ele se deita e não faz mais coisa alguma. Geralmente ele nem mesmo vai comer ou beber água. Toda a sua energia é direcionada para a cura. Precisamos praticar esse tipo de descanso, mesmo quando não estamos doentes. Saber quando descansar é uma prática profunda. Às vezes nos esforçamos demais para praticar ou trabalhamos demais sem consciência plena, e ficamos facilmente cansados. A prática da consciência plena não deve ser cansativa, pelo contrário, deve nos energizar. Mas quando reconhecermos que estamos cansados, devemos encontrar todos os meios possíveis de descansar. Precisamos pedir ajuda, delegando tarefas sempre que possível.

Praticar com um corpo e uma mente cansados não ajuda; pode até causar mais problemas. Cuidar de nós mesmos é cuidar de toda a nossa comunidade. Descansar pode significar parar o que estamos fazendo e caminhar lá fora por cinco minutos ou fazer jejum por um dia ou dois, ou pode significar que praticamos o silêncio por algum tempo. Há muitas maneiras de descansarmos, então devemos prestar atenção ao ritmo do nosso corpo e da nossa mente em benefício de todos. A respiração consciente, seja nas posições sentada ou deitada, é uma prática de descanso. Vamos aprender a arte de descansar e permitir que nosso corpo e nossa mente se recuperem. Não pensar e não fazer coisa alguma faz parte da arte do descanso e da cura.

Buda disse que, se tivermos uma lesão em nosso corpo ou nossa mente, podemos aprender a cuidar dela. Sabemos que nosso corpo tem a capacidade de se curar; então, devemos permitir que a ferida nele e em nosso espírito se cure. Mas geralmente obstruímos o caminho de sua cura. Devido à nossa ignorância, impedimos que nosso corpo se cure, não deixamos nossa mente, nossa consciência se curar. Quando cortamos o dedo, não temos muito o que fazer. Apenas limpamos o corte e o deixamos sarando – por um ou dois dias. Se mexermos na ferida, se fizermos muitas coisas nela ou nos preocuparmos demais com ela – principalmente se nos preocuparmos muito – pode ser que ela não sare.

Buda deu um exemplo de alguém que é atingido por uma flecha: a pessoa sofre. Se logo depois uma segunda flecha a atinge exatamente no mesmo lugar, a dor não é apenas em dobro, mas dez vezes mais intensa. Se você tiver um pequeno ferimento no corpo e exagerá-lo com sua preocupação e pânico, o ferimento ficará mais grave. Ajudaria praticar inspirando e expirando, compreendendo a natureza desse pequeno ferimento. Inspirando, pensamos: "estou consciente de que esta é apenas uma ferida física. Ela vai sarar". Se for preciso nós podemos pedir a um amigo ou médico que confirme que nosso ferimento não é sério, e que não devemos nos preocupar. Não devemos entrar em pânico, pois o pânico nasce da ignorância. Preocupação e pânico pioram qualquer situação. Devemos confiar no conhecimento que temos do nosso próprio corpo. Somos inteligentes. Não deveríamos imaginar que vamos morrer por causa de um pequeno ferimento em nosso corpo ou espírito.

Um animal ferido sabe que o descanso é a melhor forma de cura. A sabedoria está presente no corpo do animal. Nós, seres humanos, perdemos a confiança em nosso corpo. Entramos em pânico e tentamos fazer muitas coisas diferentes. Preocupamo-nos demais com nosso corpo. Não permitimos que ele se cure por si só. Não sabemos descansar. A respiração consciente nos ajuda a reaprender a arte de descansar. A respiração consciente é como uma mãe amorosa segurando nos braços o seu bebê doente, dizendo: "Não se preocupe, que eu vou cuidar bem de você; apenas descanse".

A prática

Se não conseguirmos descansar é porque ainda não paramos de correr. Começamos a correr desde muito tempo atrás. Continuamos correndo mesmo enquanto dormimos. Pensamos que felicidade e bem-estar são impossíveis no aqui e agora. Esta crença é inerente a nós. Recebemos a semente desta crença de nossos pais e avós. Eles lutaram a vida inteira acreditando que a felicidade só era possível no futuro. Por isso, quando éramos crianças, já tínhamos o hábito de correr. Acreditávamos que a felicidade era algo a ser encontrado no futuro. Mas o ensinamento de Buda é que podemos ser felizes agora mesmo, neste exato lugar.

Se puder parar e se estabelecer no aqui e agora, você verá que existem vários elementos de felicidade disponíveis neste momento, que são mais do que suficientes para você ser feliz. Mesmo que existam algumas coisas no presente que você não goste, ainda há condições positivas de sobra para sua felicidade. Quando anda no jardim, você pode ver que uma árvore está morrendo. Você pode se sentir triste por isso e se sentir incapaz de apreciar o resto do jardim que continua sendo muito bonito. Você permite que uma árvore perecendo destrua sua admiração por todas as outras árvores que ainda estão vivas, vigorosas e belas. Se olhar de novo, poderá ver que o jardim continua lindo e que você pode apreciá-lo. Você pode usar estes versos para ampliar sua consciência da natureza à sua volta:

> *Consciente dos meus ouvidos, eu inspiro.*
> *Consciente do som da chuva, eu expiro.*
>
> *Em contato com o ar puro da montanha, eu inspiro.*
> *Sorrindo para o ar puro da montanha, eu expiro.*
>
> *Em contato com a luz do sol, eu inspiro.*
> *Sorrindo com a luz do sol, eu expiro.*
>
> *Em contato com as árvores, eu inspiro.*
> *Sorrindo com as árvores, eu expiro.*

Relaxamento profundo

O estresse se acumula em nosso corpo. A maneira como comemos, bebemos e vivemos afeta negativamente nosso bem-estar. O relaxamento profundo é uma oportunidade de nosso corpo repousar, curar e se revigorar. Relaxamos nosso corpo, damos atenção a uma parte de cada vez, e enviamos amor e carinho a cada célula.

Se você tem problemas de não dormir o suficiente, o relaxamento profundo pode compensar. Deitado consciente em sua cama é possível que você goste de praticar o relaxamento total, seguindo sua inspiração e expiração. Isso às vezes o ajuda a pegar no sono. A prática é ainda muito boa mesmo que você não adormeça, porque ela o nutre e o permite descansar.

Você pode usar estes dois exercícios para direcionar sua atenção a qualquer parte do seu corpo: cabelo, couro cabeludo, cérebro, ouvidos, pescoço, pulmões, cada órgão interno, sistema digestivo, pélvis; qualquer parte do corpo que necessite de cura e atenção, abraçando cada uma delas, enviando-lhe amor, gratidão e carinho enquanto a sustentamos na consciência e inspiramos e expiramos.

A prática

Relaxamento profundo I

Se você só tem poucos minutos para sentar ou deitar e relaxar, você pode recitar estes versos:

Inspirando, estou consciente dos meus olhos.
Expirando, eu sorrio para os meus olhos.

Isto é ter consciência dos nossos olhos. Quando gera energia de consciência plena, você aceita seus olhos e sorri para eles; você toca uma das condições existentes para a felicidade. Ter olhos que ainda estão em boas condições é algo maravilhoso. Um paraíso de formas e cores está à sua disposição a qualquer momento. Você só precisa abrir os olhos.

Inspirando, estou consciente do meu coração.
Expirando, eu sorrio para o meu coração.

Quando você usa a energia da consciência plena para aceitar seu coração e sorri para ele, você vê que seu coração ainda está funcionando normalmente e que isso é maravilhoso. Muitas pessoas desejam ter um coração que funcionasse normalmente. Essa é uma condição fundamental do nosso bem-estar, outra condição para nossa felicidade. Ao abraçar seu coração com a energia da consciência plena, ele é confortado. Você negligenciou seu coração por tanto tempo; você só pensa em outras coisas; você corre atrás de coisas que acredita serem as verdadeiras condições da felicidade e se esquece do seu coração.

Você até mesmo causa problemas ao seu coração pela maneira como descansa, trabalha, come e bebe. Toda vez que acende um cigarro, você faz seu coração sofrer. Você comete um ato hostil para com o seu coração quando ingere bebida alcoólica. Você sabe que seu coração vem trabalhando há anos, dia e noite, para o seu bem-estar. Mas, por causa da sua falta de consciência, você não o tem ajudado. Você não sabe como proteger as condições de bem-estar e felicidade dentro de si.

Você pode continuar praticando isso com outras partes do seu corpo como seu fígado. Envolva o seu fígado com ternura, amor e compaixão. Gere consciência plena por meio da respiração consciente e atenda todo o seu corpo com consciência plena. Enquanto direciona a energia da consciência plena àquela parte do seu corpo envolvida com amor e ternura, você está fazendo exatamente o que ele precisa. Se uma parte do seu corpo não está bem, você tem que passar mais tempo atendendo-a com consciência plena, com seu sorriso. Pode ser que você não tenha tempo de examinar todo o seu corpo neste exercício, mas uma ou duas vezes ao dia você pode escolher pelo menos uma parte dele e atendê-la com a prática do relaxamento. Se tiver mais tempo, experimente a segunda prática do relaxamento profundo abaixo.

Relaxamento profundo II

Dê-se pelo menos vinte minutos. Quando praticar o relaxamento profundo em grupo, uma pessoa pode guiar o exercício usando as seguintes sugestões ou variação delas. Quando praticar sozinho, você pode gravar um exercício e segui-lo enquanto pratica. O relaxamento profundo pode ser feito em casa, pelo menos uma vez ao dia, onde quer que você encontre espaço suficiente para se deitar confortavelmente. Você pode praticá-lo com outras pessoas da família, com um membro guiando a sessão.

Deite-se de costas com os braços estirados ao lado do seu corpo. Sinta-se confortável. Deixe seu corpo relaxar. Esteja consciente do chão sob você... do contato do seu corpo com o chão. (Respire) Deixe o seu corpo afundar no chão. (Respire)

Torne-se consciente de sua inalação e exalação. Esteja consciente do seu abdômen subindo e descendo, enquanto inspira e expira. (Respire) Subindo... descendo... subindo... descendo. (Respire)

Inspirando, leve consciência aos seus olhos. Expirando, deixe os seus olhos relaxarem. Deixe os seus olhos afundarem na sua cabeça... solte a tensão de todos os pequeninos músculos ao redor dos seus olhos... nossos olhos nos permitem ver um paraíso de formas e cores... deixe-os descansarem... envie amor e gratidão para eles... (Respire)

Inspirando, leve consciência à sua boca. Expirando, deixe sua boca relaxar. Solte a tensão em volta da boca... seus lábios são como pétalas de uma flor... deixe que um sorriso gentil brote em seus lábios... sorrir libera a tensão de centenas de músculos do nosso rosto... sinta a tensão se dissolvendo nas suas bochechas... no seu queixo... garganta... (Respire)

Inspirando, leve consciência aos seus ombros. Expirando, deixe os seus ombros relaxarem. Deixe-os afundar no chão... deixe que toda a tensão acumulada escorra para o chão... você carrega tanta coisa nos ombros... agora deixe-os relaxar enquanto cuida deles. (Respire)

Inspirando, torne-se consciente dos seus braços. Expirando, relaxe os braços. Deixe os seus braços afundarem no chão... seus antebraços... seus cotovelos... seus punhos... mãos... seus dedos... todos os pequeninos músculos... mova os dedos um pouco, se precisar, ajudando os músculos a relaxarem. (Respire)

Inspirando, traga sua consciência para seu coração. Expirando, deixe seu coração relaxar. (Respire) Você negligenciou seu coração durante muito tempo... pela forma como trabalha, como lida com ansiedade e estresse... (Respire) Seu coração bate por você dia e noite... envolva-o com consciência plena e ternura... reconciliando e tomando conta dele. (Respire)

Inspirando, leve sua consciência para suas pernas. Expirando, deixe suas pernas relaxar. Solte toda a tensão das suas pernas... coxas... joelhos... panturrilhas... tornozelos... pés... dedos dos pés... todos os pequeninos músculos dos dedos... você pode querer mover os dedos dos pés um pouco para ajudá-los a relaxar... envie amor e carinho aos seus dedos dos pés. (Respire)

Inspirando, expirando... todo o seu corpo se sente leve... como uma vitória-régia boiando na água... você não tem que ir a lugar algum... não tem nada para fazer... você é livre como uma nuvem flutuando no céu... (Respire)

(Canto ou música por alguns minutos.) (Respire)

Traga a sua consciência de volta à sua respiração... ao seu abdômen subindo e descendo. (Respire)

Seguindo a sua respiração, torne-se consciente dos seus braços e pernas... você pode querer movê-los um pouco e alongá-los. (Respire)

Quando se sentir pronto, lentamente se sente. (Respire)

Quando estiver pronto, lentamente fique de pé. (Respire)

Movimentos conscientes

Os exercícios dos Dez Movimentos Conscientes são fáceis de praticar em casa, sozinho ou em grupo. Você pode praticá-los dentro de casa ou num parque, ao ar livre. Pode praticá-los todo dia ou de vez em quando.

A prática

Fique em pé com os pés firmes no chão. Seus joelhos estão moles, levemente dobrados e destravados. Esteja ereto de uma maneira relaxada, com os ombros soltos. Imagine que um fio invisível está preso no topo de sua cabeça e ele o puxa em direção ao céu. Mantendo seu corpo ereto, recolha levemente o queixo para dentro, para que seu pescoço possa relaxar.

Comece praticando um pouco da respiração consciente. Certifique-se de que seus pés estão apoiados firmemente no chão, seu corpo está centrado, suas costas estão eretas e seus ombros estão relaxados. Deixe sua respiração descer até a barriga. Sorria e aprecie o fato de estar de pé por um momento.

Movimento consciente um – Comece com os pés ligeiramente separados, os braços ao longo do corpo. Inspirando, eleve os braços em linha reta à sua frente até a altura dos ombros, horizontalmente ao chão. Expirando, desça os braços novamente ao longo do seu corpo. Repita o movimento por mais três vezes.

Movimento consciente dois – Comece com os braços ao longo do corpo. Inspirando, eleve os braços estirados à frente num movimento contínuo até o alto, acima de sua cabeça. Toque o céu! Este movimento pode ser feito com as palmas das mãos viradas uma para a outra, ou em direção ao chão enquanto os braços se elevam. Expirando, traga lentamente seus braços de volta ao lado do corpo. Repita por mais três vezes.

Movimento consciente três – Inspirando, eleve os braços para os lados, palmas viradas para cima, até que estejam na altura dos ombros, paralelos ao chão. Expirando, dobre os cotovelos e toque os ombros com as pontas dos dedos, mantendo seus antebraços na posição horizontal. Inspirando, abra os braços, alongando-os até que estejam novamente alongados na posição horizontal. Expirando, flexione os cotovelos tocando os ombros com as pontas dos dedos. Quando inspira você é como uma flor se abrindo ao calor do sol. Expirando, a flor se fecha. A partir desta posição, com os dedos tocando os ombros, repita o movimento por mais três vezes. Então, abaixe os braços, posicionando-os novamente ao longo do corpo.

Movimento consciente quatro – Neste exercício, você faz um grande círculo com os braços. Inspirando, estire-os à sua frente com as palmas das mãos juntas. Eleve os braços separando as mãos de forma que você possa estirá-los acima da cabeça. Expirando, continue circulando os braços de volta até que seus dedos apontem em direção ao chão. Inspirando, eleve os braços por trás de você revertendo o círculo. Expire enquanto junta as palmas das mãos com os braços alongados à sua frente. Repita por mais três vezes.

Movimento consciente cinco – Ajuste seus pés para que fiquem na largura dos ombros, e coloque as mãos na cintura. Ao fazer este exercício, mantenha as pernas estiradas, mas destravadas, e a cabeça centralizada sobre o corpo. Inspirando, flexione o tronco para frente na altura da cintura e comece a circular para trás (sentido horário) com a parte superior do tronco. Quando estiver na metade do círculo com o corpo flexionado para trás expire enquanto completa o círculo, terminando com a cabeça e a parte superior do tronco posicionado à sua frente. Depois circule da mesma forma na direção anti-horário. Repita estes movimentos circulares três vezes.

Movimento consciente seis – Neste exercício, você toca o céu e a terra. Fique de pé com os pés afastados na largura dos quadris. Inspirando, eleve os braços acima da cabeça, terminando com as palmas viradas para frente. Alongue-se enquanto se eleva e olhe para cima enquanto toca o céu. Expirando, desça os braços para tocar a terra, flexionando o tronco para frente até a linha da cintura. Se houver tensão no pescoço, deixe-a ir. A partir desta posição, inspire e mantenha suas costas retas enquanto eleva o tronco e braços mais uma vez para tocar o céu. Toque o céu e a terra por mais três vezes.

Movimento consciente sete – Este exercício é chamado de rã. Comece com as mãos na cintura, calcanhares juntos, pés rotados para fora formando um V, ou um ângulo de 45° a 90° graus. Inspirando, suba no metatarso e flexione os joelhos mantendo as costas eretas. Mantendo a parte superior do tronco centrada, vá descendo até onde conseguir ir confortavelmente, mantendo o equilíbrio. Inspirando, vá subindo e esticando os joelhos ainda de pé sobre o metatarso. Desta posição, repita a sequência por mais três vezes, lembrando-se de respirar lenta e profundamente.

Movimento consciente oito – Começar com os pés juntos e as mãos na cintura.

Comece transferindo todo o peso do corpo sobre o pé esquerdo. Inspirando, eleve a coxa direita mantendo o joelho direito dobrado, e os dedos dos pés apontando em direção ao chão. Expirando, alongue a perna direita apontando os dedos dos pés à sua frente. Inspirando, dobre o joelho trazendo o pé de volta junto ao corpo. Expirando, coloque o seu pé direito de volta ao chão. Em seguida, transfira todo o peso do corpo para o pé direito e faça o movimento com a outra perna. Repita esta série de movimentos por mais três vezes.

Movimento consciente nove – Neste exercício, você faz um círculo com a perna esticada. Comece com os pés juntos e as mãos na cintura. Coloque o peso do corpo sobre o pé esquerdo. Inspirando, eleve a perna direita à sua frente e circule-a para o lado direito. Expirando, continue o círculo para trás e abaixe a perna até que os dedos dos pés toquem o chão. Inspirando, eleve a perna atrás de você e faça um círculo para o lado. Expirando, continue o círculo até a frente. Então, abaixe a perna e coloque o pé no chão ao lado do outro, distribuindo o peso sobre ambos os pés. Fique em pé com os pés juntos, o peso distribuído entre ambos. Agora faça o exercício com a outra perna. Repita essa série de movimentos por mais três vezes.

Movimento consciente dez – Este exercício é feito na postura de avanço[8]. Fique em pé, com os pés paralelos numa abertura um pouco maior que os ombros. Vire-se para a direita e rode o pé direito para fora à sua frente, de forma a ficar na posição de avanço. Coloque a mão esquerda na cintura e o

---

8. Esta postura se assemelha à postura do guerreiro do yoga [N.T.].

braço direito ao lado do corpo. Inspirando, dobre o joelho direito, transferindo o peso do corpo para o pé direito enquanto eleva o braço direito com a palma virada para fora à sua frente, e alongue-a em direção ao céu! Expire, esticando o joelho e trazendo de volta o braço direito para o lado. Repita o movimento por mais três vezes.

Reveze as pernas, colocando a mão direita na cintura. Repita quatro vezes os movimentos com a esquerda. Depois, coloque os pés juntos novamente.

Você terminou os Dez Movimentos Conscientes. De pé, firme sobre os dois pés, inspire e expire. Sinta seu corpo relaxar. Aprecie sua respiração.

Práticas comunitárias de relacionamento

Criando e mantendo uma Sanga

Na sociedade, grande parte do nosso sofrimento vem do sentimento de estarmos desconectados uns dos outros. Geralmente não sentimos uma verdadeira conexão mesmo com as pessoas que convivemos: nossos vizinhos, nossos colegas de trabalho e até mesmo os membros de nossa família. Cada pessoa vive separadamente, desligada do apoio da comunidade.

Praticando a consciência plena, começamos a ver nossa conexão com outros seres humanos. Para florescer em nossa própria prática e auxiliar os outros, nós precisamos de uma comunidade. No Budismo, uma comunidade de praticantes é chamada de Sanga. Buda tinha uma Sanga de monges, monjas, mulheres e homens leigos. Podemos transformar nossa família numa Sanga. Podemos transformar nosso local de trabalho numa Sanga; nossa vizinhança numa Sanga, o governo local numa Sanga, e até mesmo o Congresso poderia se transformar numa Sanga, se todos conhecessem a arte de escutar profundamente e falar amorosamente.

Estar numa Sanga pode curar estes sentimentos de isolamento e separação. Praticamos juntos, às vezes comemos lado a lado e lavamos as panelas juntos. Só por estarmos participando em atividades cotidianas com outros praticantes, podemos experimentar um sentimento palpável de amor e aceitação.

A Sanga é um jardim cheio de uma grande variedade de árvores e flores. Quando podemos olhar para nós mesmos e para os outros como árvores e flores belas e singulares, podemos realmente crescer para compreender e amar uns aos outros. Uma flor pode desabrochar no início da primavera e outra no fim do verão. Uma árvore pode dar muitos frutos e outra oferecer sombra refrescante. Nenhuma planta é melhor, pior ou igual a qualquer outra do jardim. Cada membro da Sanga também possui dons únicos para oferecer à comunidade. E cada um de nós também tem áreas que precisam de atenção. Quando somos capazes de apreciar a contribuição de cada membro e de ver nossas fraquezas como potenciais de crescimento, podemos aprender a viver harmoniosamente juntos. Nossa prática é perceber que somos uma flor ou uma árvore, e que também somos o jardim inteiro, todo interconectado.

Existir realmente significa interexistir. Da mesma forma como uma flor conta com a luz do sol, a nuvem, a terra para existir, o mesmo acontece com todos nós. Nenhum de nós pode existir sozinho. Interser é o ensinamento de Buda que diz que tudo é criado por meio, e é composto de tudo o mais. Se mandarmos de volta tudo para sua origem, nada sobrará. Se retornarmos a luz do sol para o sol, a água para a nuvem, o terreno plantado para a terra, então não haverá mais flores. Uma flor é composta somente de elementos que não são flor. Por isso, dizemos que uma flor é vazia de um *self*; ela é vazia de um eu separado. A flor está repleta de tudo e vazia de um eu separado. Nós somos vazios e feitos do cosmos. Olhando uma pessoa, podemos ver todo o cosmos e todos os nossos ancestrais nela. Em cada pessoa podemos ver o ar, a água, as jornadas, as alegrias e as tristezas que nos antecederam. Contemos todas as informações necessárias à compreensão do cosmos. Se conseguirmos compreender a natureza da interexistência, sofreremos muito menos e compreenderemos a importância de vivermos em comunidade.

Praticando juntos em comunidade, nossa prática da consciência plena se torna mais alegre, relaxada e constante. Somos sinos de consciência plena uns para os outros, apoiando e lembrando uns aos outros ao longo do caminho da prática. Com o apoio da comunidade, podemos praticar o cultivo da paz e alegria em nós e à nossa volta, como um presente para todos aqueles que amamos e cuidamos. Podemos cultivar nossa solidez e liberdade – firmes em nossa mais profunda aspiração e livres dos nossos medos, nossas divergências e nossos sofrimentos.

A prática

Construir uma Sanga é como plantar um girassol. Você precisa estar consciente de quais condições favorecerão o crescimento da flor, e quais condições obstruirão seu crescimento. Você precisa de sementes saudáveis, jardineiros habilidosos, e de luz solar e espaço suficientes para a planta crescer. Quando você se engaja na construção de uma Sanga, a coisa mais importante a ser lembrada é que nós a estamos construindo juntos. Quanto mais você abraça a Sanga tanto mais você consegue abrir mão do sentimento de um eu separado. Você pode relaxar na sabedoria e os *insights* da Sanga e compreender claramente que os olhos, as mãos e o coração dela são maiores do que os de qualquer um dos membros da Sanga.

Se você mora com sua família ou com amigos íntimos, este é um bom lugar para começar. Sua família e amigos podem ser sua Sanga. Você também pode criar uma Sanga em seu local de trabalho, praticando o amor e a compreensão com seus colegas de trabalho, e vendo cada pessoa como uma querida irmã ou um querido irmão. Você pode praticar andando em meditação toda vez que atravessar o corredor.

Se possível, sente, ande e coma conscientemente junto com outra pessoa durante seus intervalos. Você pode convidar o sino a soar e convidar outras pessoas para fazerem isso com você, ou praticar meditando ao telefone, enquanto trabalha. Uma Sanga pode começar pequena; pode ser uma Sanga de duas pessoas. Mesmo que ela e o ambiente de consciência plena sejam criados por apenas duas pessoas, a paz e harmonia a sua volta crescerão e logo sua Sanga crescerá também.

Recomeçando de uma Nova Maneira

Recomeçar de uma nova maneira significa olhar profunda e honestamente para nós mesmos, para nossas ações passadas, fala e pensamento, e criar um início com renovado vigor em nós mesmos e em nossos relacionamentos com as pessoas. Praticamos Recomeçando de uma Nova Maneira para clarear a mente e revigorar nossa prática. Quando surge uma dificuldade em nossos relacionamentos e um de nós se sente ressentido ou magoado, sabemos que é hora de Recomeçar de uma Nova Maneira.

Esta prática nos ajuda a desenvolver uma fala amável e uma escuta compassiva por ser uma prática de reconhecimento e apreciação dos elementos positivos de nossa Sanga. Reconhecer as feições positivas dos outros nos permite ver também nossas próprias qualidades positivas. Juntamente com esses traços positivos, todos nós temos áreas de fraqueza, como falar a partir da nossa raiva ou estar aprisionados em percepções equivocadas. Como num jardim, quando "regamos as flores" da bondade amorosa e compaixão uns dos outros, estamos também levando embora a energia das sementes da raiva, do ciúme e da percepção errônea.

Podemos praticar Recomeçando de uma Nova Maneira todos os dias, expressando nosso apreço às pessoas da nossa comunidade e nos desculpando, imediatamente, logo que fizermos ou falarmos algo que magoe as pessoas. Também podemos gentilmente fazer com que os outros saibam que estamos machucados. A saúde e felicidade da comunidade como um todo dependem da harmonia, paz e alegria existente entre as pessoas.

A prática

Em Plum Village, toda semana praticamos Recomeçando de uma Nova Maneira. Todos nos sentamos num círculo com um vaso de flores viçosas no centro, e seguimos nossa respiração enquanto esperamos o facilitador iniciar a prática. A cerimônia tem três partes: regando flores, expressando arrependimentos, e expressando mágoas e dificuldades. Essa prática pode impedir o crescimento de sentimentos de mágoa no decorrer da semana, e ajudar a criar um ambiente seguro para todos na comunidade.

Começamos com a prática de regar flores. Quando alguém quer falar, junta as palmas das mãos e os outros juntam as palmas das mãos dando àquela pessoa o direito de falar. Então ela se levanta, caminha devagar até as flores, pega o vaso e retorna ao seu lugar. Quando fala, as palavras dela refletem o frescor e a beleza das flores que estão em suas mãos. Durante a prática de regar as flores, quem fala reconhece as qualidades boas e maravilhosas dos outros. Isto não é bajulação, sempre falamos a verdade. Todos têm pontos fortes que podem ser vistos com consciência. Ninguém pode interromper a fala da pessoa que está segurando as flores. Permite-se que ela use o tempo que precisar e todos os demais praticam a escuta profunda. Quando tiver terminado de falar, a pessoa se levanta e lentamente coloca o vaso de flores de volta no centro da sala.

Não devemos subestimar este primeiro passo de regar flores. Quando podemos reconhecer com sinceridade as belas qualidades de outra pessoa, fica difícil guardar sentimentos de raiva e ressentimento. Vamos naturalmente amolecendo e nossa perspectiva vai se tornando mais ampla e mais inclusiva da realidade como um todo. Quando deixamos de estar presos a percepções errôneas, irritação e julgamento, podemos facilmente encontrar uma forma de nos reconciliar com as pessoas em nossa comunidade e família. A essência dessa prática é restaurar o amor e a compreensão entre os membros da comunidade. A forma que essa prática toma precisa ser apropriada à situação e às pessoas envolvidas. É sempre bom consultar pessoas mais experientes na prática, que atravessaram dificuldades semelhantes, para nos beneficiarmos das experiências delas.

Na segunda parte da cerimônia, expressamos arrependimentos por qualquer coisa que fizemos para magoar os outros. Apenas uma frase impensada é suficiente para ferir alguém. A Cerimônia de Recomeçar de uma Nova Maneira é uma oportunidade que temos de lembrar alguma lástima ocorrida no início da semana e desfazê-la.

Na terceira parte da cerimônia, expressamos como os outros nos magoaram. A fala amorosa é crucial. Queremos curar a comunidade, e não prejudicá-la. Falamos francamente, mas não queremos ser destrutivos. A escuta profunda é uma parte importante da prática. Quando sentamos num círculo de amigos em que todos estão praticando a escuta profunda, nossa fala fica mais bonita e mais construtiva. Nunca acusamos ou entramos em debates.

Na parte final da cerimônia, a escuta compassiva é crucial. Escutamos as mágoas e dificuldades do outro com a disposição de aliviar seu sofrimento, não para julgar ou debater com ele. Escutamos com toda a nossa atenção. Mesmo que escutemos algo que não seja verdadeiro, continuamos a escutar profundamente de forma que a outra pessoa possa expressar sua dor e liberar as tensões internas. Se a respondermos ou a corrigirmos, a prática não dará frutos. Apenas escutamos. Se precisarmos dizer a pessoa que sua percepção é incorreta, podemos fazer isso dias depois, em particular e calmamente. Assim, na próxima sessão de Recomeçar de uma Nova Maneira pode ser que ela mesma retifique o erro, e não tenhamos que falar coisa alguma. Encerramos a cerimônia com uma canção ou com todos de mãos dadas em círculo, respirando por um instante.

Tratado de Paz

Suponhamos que nosso amigo ou companheiro diga algo indelicado, e nos sintamos magoados. Se revidarmos imediatamente, arriscaremos piorar a situação. Outra opção é inspirar e expirar, acalmar-nos e, quando estivermos suficientemente calmos, dizer: "Querido, o que você acabou de dizer me magoou. Eu gostaria de refletir profundamente sobre isso e gostaria que você refletisse também. Depois podemos marcar uma hora para nos encontrarmos, durante a semana, para refletirmos juntos sobre isso". Uma pessoa contemplando as raízes do nosso sofrimento é bom, duas pessoas contemplando é melhor, e duas pessoas contemplando juntas é ainda melhor.

Podemos estar em guerra interiormente conosco, danificando nosso corpo com drogas e álcool. Agora temos a oportunidade de assinar um tratado com nossos corpos, nossos sentimentos e nossas emoções. Quando tivermos feito um tratado de paz com eles, poderemos ter alguma paz e começar a nos reconciliarmos com as pessoas queridas. Se existe guerra dentro de nós, é muito fácil começar uma guerra com as pessoas que amamos, e, desnecessário dizer, com nossos inimigos. A maneira como conversamos com as pessoas queridas, e a forma como agimos em relação a elas, determina se as estamos tratando como pessoas queridas ou inimigas. Se nossa amada for nossa inimiga, como podemos esperar ter paz em nosso país e no mundo?

Todos nós possuímos a semente de sabedoria em nós. Sabemos que punição leva-nos a lugar nenhum; no entanto, estamos sempre tentando punir alguém. Quando as pessoas queridas nos dizem ou fazem alguma coisa que nos faz sofrer, queremos puni-las, pois acreditamos que as punindo ficaremos mais aliviados. Há momentos que estamos lúcidos e sabemos que punir é infantilidade e ignorância, pois, quando causamos sofrimento às pessoas que amamos, elas, por sua vez, também tentarão se aliviar nos punindo e, assim, haverá uma escalada de punições.

O Tratado de Paz e a Nota de Paz são dois instrumentos que nos ajudam a curar a raiva e a mágoa em nossos relacionamentos. Quando assinamos o Tratado de Paz, nós construímos a paz não só com as outras pessoas, mas com nós mesmos.

A prática

O texto do Tratado de Paz encontra-se abaixo. É realmente proveitoso assiná-lo, e não apenas ler sobre ele. No tratado estão sugeridas as noites de sexta-feira como as noites para dialogar. Você pode escolher qualquer noite, mas o tratado sugere a noite de sexta-feira como uma boa escolha por duas razões. Se for na sexta-feira à tarde que você marca o encontro, você pode escolher a sexta-feira seguinte. Primeiramente, você ainda estará magoado e será arriscado iniciar uma conversa sobre o assunto neste momento; você poderá dizer coisas que podem piorar a situação. A partir de agora até a noite da sexta-feira, você poderá contemplar profundamente sobre a natureza do seu sofrimento e a outra pessoa também poderá. Enquanto dirige, você também tem uma oportunidade de olhar profundamente para ele. Antes da noite da sexta-feira, um de vocês, ou ambos, pode ter apreendido a raiz do problema e ser capaz de conversar com o outro e se desculpar. Então na sexta-feira à noite vocês podem tomar uma xícara de chá juntos, apreciando a companhia do outro. Esta é a prática de meditação. A meditação é para nos acalmar, para que compreendamos profundamente a natureza do nosso sofrimento.

Se até a noite da sexta-feira o sofrimento não tiver sido transformado, você poderá praticar a arte de Avalokiteshvara: uma pessoa se expressa enquanto a outra escuta profundamente. Enquanto fala, você diz as verdades mais profundas de uma forma amorosa, de uma maneira que a outra pessoa consiga compreender e aceitar. Enquanto ouve, você sabe que a qualidade de sua escuta deve ser boa para aliviar o sofrimento da outra pessoa. A segunda razão para esperar até sexta-feira é que, quando aquele sentimento é neutralizado na sexta-feira à noite, vocês têm o sábado e o domingo para estarem prazerosamente juntos.

O TRATADO DE PAZ

Para que possamos viver juntos por muito tempo e felizes, para que possamos desenvolver e aprofundar continuamente nosso amor e nossa compreensão, nós, abaixo-assinados, comprometemo-nos a observar e praticar o seguinte:

Eu, aquele que está com raiva, concordo em:

1) Abster-me de falar ou fazer algo que possa causar mais danos ou aumentar minha raiva.

2) Não reprimir minha raiva.

3) Praticar respirando e tomando refúgio na ilha dentro de mim.

4) Dentro de vinte e quatro horas, falar calmamente sobre minha raiva e meu sofrimento, seja verbalmente ou por meio de uma Nota de Paz, com quem me provocou raiva.

5) Propor que nos encontremos durante a semana (por exemplo, sexta-feira à noite) para discutir o problema em detalhes, seja verbalmente ou por Nota de Paz.

6) Não dizer: "Eu não estou com raiva. Está tudo bem. Eu não estou sofrendo. Não há nada do que ter raiva, pelo menos não foi o bastante para me deixar com raiva".

7) Praticar respirando e contemplando profundamente minha vida cotidiana – enquanto sento, deito, fico de pé e ando – a fim de compreender:

    a) As maneiras que, às vezes, eu mesmo fui inábil.

    b) Como tenho ferido outra pessoa por causa da minha própria energia habitual.

    c) Como a robusta semente de raiva em mim é a principal causa da minha raiva.

    d) Como o sofrimento da outra pessoa, que rega minha semente de raiva, é a causa secundária.

    e) Como a outra pessoa está apenas procurando aliviar seus próprios sofrimentos.

    f) Que enquanto a outra pessoa sofre, eu não consigo ser verdadeiramente feliz.

8) Pedir desculpas imediatamente, sem esperar até sexta-feira à noite, logo que eu constatar minha inabilidade e falta de consciência plena.

9) Adiar o encontro de sexta-feira, caso eu não me sinta suficientemente calmo para me encontrar com a outra pessoa.

Eu, aquele que provocou raiva no outro, concordo em:

1) Respeitar os sentimentos do outro, não o ridicularizando e lhe dando tempo suficiente para se acalmar.

2) Não exigir uma conversa imediata.

3) Confirmar o pedido de encontro da outra pessoa, seja verbalmente ou por meio de uma nota escrita, assegurando-o que estarei presente.

4) Praticar a respiração e me refugiar na minha ilha interior para compreender que:

> a) Eu tenho sementes de indelicadeza e raiva, como também a energia do hábito de causar infelicidade aos outros.

> b) Eu erroneamente pensava que fazendo o outro sofrer traria alívio para o meu próprio sofrimento.

> c) Fazendo o outro sofrer, eu causo sofrimento a mim mesmo.

5) Pedir desculpas logo que eu perceber minha inabilidade e falta de consciência plena, sem fazer qualquer tentativa de me justificar e sem esperar até a reunião da sexta-feira.

Nós nos comprometemos, tendo como testemunha o Senhor Buda e a presença consciente da Sanga, a aceitar e cumprir todas estas cláusulas, praticando-as com todo o coração. Invocamos a proteção das três joias para que nos conceda clareza e confiança.

Assinatura

Assinatura

Local/dia/mês/ano

A prática

Este bilhete pode ser usado com o Tratado de Paz. Você pode fazer cópias dele e guardá-los em casa ou onde quer que você possa precisar.

BILHETE DA PAZ

Data: _____

Hora: _____

Querido(a)_____

Hoje de manhã (tarde), você disse (fez) algo que me provocou muita raiva. Eu sofri muito. Quero que você saiba disso. Você disse (fez):

_____

_____

_____

_____

_____

_____

_____

Por favor, vamos ambos refletir sobre o que você disse (fez) e examinar o problema juntos de maneira calma e aberta nesta sexta-feira à noite.

Do seu (Da sua), não muito feliz no momento, _____

_____

Adotando um Segundo Corpo

Numa grande comunidade, ou mesmo numa grande família, não é possível estar sempre ciente do que se passa com cada um. Por isso, em Plum Village nós desenvolvemos um esquema de adoção de um segundo corpo que nos ajuda a construir nossa Sanga. Seu próprio corpo é o Primeiro Corpo e outra pessoa da família ou Sanga é seu Segundo Corpo. Seu Segundo Corpo escolhe outra pessoa para ser o Segundo Corpo dela e assim por diante, até que o círculo se feche. Dessa forma, todo mundo tem alguém para cuidar e todos são cuidados por outra pessoa.

Cuidar significa cuidar e ajudar nosso Segundo Corpo quando ele estiver fisicamente doente, mentalmente aflito ou exaurido. Por exemplo, quando estamos viajando juntos, temos a responsabilidade de saber se nosso Segundo Corpo não foi deixado para trás. Quando o nosso Segundo Corpo estiver desanimado, cabe a nós encontrar uma forma de animá-lo. Quando o nosso Segundo Corpo é incapaz de sorrir, podemos ajudá-lo a sorrir. Se ele tiver pegado uma forte gripe, como a influenza, podemos trazer comida e remédio para ele. Usamos este esquema de Adoção de um Segundo Corpo em todos os centros de prática de Plum Village, e ele eleva a qualidade de nossa felicidade em viver juntos. Esta pode ser uma maneira maravilhosa de permanecermos conectados com toda a comunidade, cuidando de apenas um membro. Em famílias grandes, funciona do mesmo jeito.

A prática

Seu Primeiro Corpo é você mesmo. Seu Segundo Corpo é outra pessoa que você cuida como uma extensão de si mesmo. Se você é meu Segundo Corpo, eu sou o amigo que cuida de você. Todos escolhem uma pessoa para ser seu Segundo Corpo e essa pessoa, por sua vez, escolhe outra e assim criamos um círculo completo com cada pessoa ligada à próxima. Você deve se sentir bem conectado com seu Segundo Corpo, como se ele fosse uma parte sua que você quer atender e cuidar. Então se seu Segundo Corpo não está bem, você procura uma forma de ajudá-lo, como levando as refeições no quarto dele e fazendo com que a comunidade saiba que o seu Segundo Corpo está doente. Se você notar que o seu Segundo Corpo está infeliz, perguntando e observando, você pode encontrar um jeito de ajudá-lo. Se você precisar deixar de participar de alguma atividade, informe ao seu amigo solidário.

Seu amigo solidário não é um policial vigiando suas atividades, ao contrário, ele é alguém que demonstra um cuidado e uma preocupação especial por você, e você por sua vez demonstra um cuidado especial por ele. Lembre-se que cada pessoa tem necessidades diferentes, então seja sensível e inteligente na maneira de demonstrar seu carinho. Às vezes, algumas palavras amáveis são necessárias e outras vezes permanecer na sua própria ilha da respiração consciente é o melhor amparo para seu amigo.

Cuidar do seu Segundo Corpo é uma prática muito efetiva para permanecermos conectados uns com os outros e compreendermos como somos todos verdadeiramente partes de um corpo. Todos na Sanga têm o seu Segundo Corpo. Então a pessoa que o seu Segundo Corpo cuida é o seu Terceiro Corpo. Portanto, cuidando do seu Segundo Corpo você está cuidando de toda a comunidade.

Abraçando em meditação

Quando abraçamos alguém, nossos corações se conectam e compreendemos que nós não somos seres separados. Abraçar alguém com consciência plena e concentração pode trazer reconciliação, cura, compreensão e muita felicidade. A prática de abraçar com consciência plena tem ajudado muita gente a se reconciliar – pais com filhos, mães com filhas, amigos com amigos, e muito mais.

A prática

Você pode praticar a meditação do abraço com um amigo, com sua filha, seu pai, seu companheiro ou mesmo com uma árvore. Para praticar, primeiro cumprimente o outro com as mãos postas reconhecendo a presença dele. Feche os olhos, respire profundamente e visualize você e a pessoa amada daqui a trezentos anos. Neste tempo, você pode ter o prazer de respirar conscientemente três vezes para estar totalmente presente. Pratique inspirando e expirando para ativar o *insight* da impermanência da vida. "Inspirando neste momento eu sei que a vida é preciosa. Expirando, eu aprecio este momento de vida." Sorria para a pessoa à sua frente, expressando o seu desejo de segurá-la nos braços. Isto é uma prática e um ritual. Quando você une mente e corpo e produz sua total presença, e se torna cheio de vida, é um ritual.

Quando bebo um copo de água, eu invisto cem por cento de mim em bebê-lo. Você deveria treinar para viver cada momento da sua vida cotidiana desta forma. Abraçar é uma prática profunda. Você precisa estar totalmente presente para praticá-la corretamente.

Então abram os braços e comecem a abraçar. Segurem uns aos outros por três inspirações e três expirações. Com a primeira respiração vocês estão conscientes de estarem presentes nesse exato momento, e estão felizes. Com a segunda respiração, vocês estão conscientes de que o outro está presente neste momento, e também está feliz. Com a terceira respiração, vocês estão conscientes de estarem aqui juntos, neste exato momento sobre esta Terra, e sentem profunda gratidão e felicidade por estarem juntos. Vocês, então, podem largar a outra pessoa e cumprimentá-la, demonstrando sua gratidão.

Você também pode praticar a meditação do abraço da seguinte forma: durante a primeira inalação e exalação, conscientize-se de que você e seu amado ambos estão vivos; na segunda inalação e exalação pense onde vocês estarão daqui a trezentos anos; e durante a terceira inalação e exalação retorne à clara compreensão de que ambos estão vivos.

Quando você abraça dessa forma, a outra pessoa se torna real e viva. Você não precisa esperar até que um de vocês esteja pronto para viajar, você pode abraçar agora e receber o calor e a estabilidade do seu amigo no momento presente. Abraçar pode ser uma prática profunda de reconciliação.

Durante o abraço silencioso, fica claramente expressa a mensagem: "Querido(a), você é precioso(a) para mim. Desculpe-me por eu não ter sido cuidadoso(a) e atencioso(a). Eu cometi erros. Permita-me recomeçar de uma nova maneira".

A vida se torna real neste momento. Os arquitetos precisam construir aeroportos e estações de trem com espaço suficiente para a prática do abraço. Seu abraço será mais profundo, e sua felicidade também.

A escuta profunda e a fala amorosa

Quando a comunicação é interrompida, todos nós sofremos. Quando ninguém nos ouve ou nos entende, nós nos transformamos numa bomba prestes a explodir. A escuta compassiva faz surgir a cura. Às vezes, apenas dez minutos escutando profundamente pode nos transformar e trazer de volta um sorriso aos nossos lábios.

Muitos de nós perdemos a capacidade de ouvir e de usar palavras amáveis com nossos familiares. Pode ser que ninguém mais seja capaz de ouvir o outro. Por isso nos sentimos muito solitários, mesmo dentro da nossa própria família. Vamos à terapeuta esperando que ela seja capaz de nos ouvir. Mas muitas terapeutas também possuem sofrimentos profundos dentro de si. Às vezes elas não conseguem ouvir tão profundamente quanto gostariam. Portanto, se realmente amamos alguém, precisamos nos treinar para sermos um profundo ouvinte.

Precisamos também nos treinar para falar amavelmente. Perdemos nossa capacidade de dizer as coisas calmamente; ficamos irritados muito facilmente. Toda vez que abrimos a boca, nossa fala se torna azeda ou amarga. Perdemos nossa capacidade de falar gentilmente. Sem essa habilidade não conseguiremos restaurar a harmonia, o amor e a felicidade.

No Budismo falamos em bodisatvas, seres sábios e compassivos que permanecem na Terra para aliviar o sofrimento das pessoas. O bodisatva Avalokiteshvara, também chamado de Quan Yin, é uma pessoa que tem grande capacidade de estar verdadeiramente presente e escutar compassivamente. Quan Yin é o bodisatva que pode escutar e compreender os sons do mundo, os gritos de sofrimento.

A prática

Você tem que praticar inspirando e expirando conscientemente para que a compaixão sempre esteja consigo. Escute sem dar conselhos, sem deixar passar julgamentos. Você pode dizer a si mesmo: "Estou ouvindo esta pessoa somente porque quero aliviar o sofrimento dela". Isto é chamado de escuta compassiva. Você deve ouvir de uma maneira que a compaixão permaneça com você todo o tempo em que estiver ouvindo. Esta é a arte. Se a irritação ou a raiva brotarem enquanto ela estiver falando, você não consegue mais continuar ouvindo. Você deve praticar de um jeito que, toda vez que a energia da irritação ou da raiva brote, você possa inspirar e expirar conscientemente e continuar a sustentar a compaixão dentro de si. É com compaixão que você consegue ouvir o outro. Não importa o que a outra pessoa diga, mesmo que haja muita informação desagradável e injusta na maneira de ela ver as coisas, mesmo que ela o censure ou o acuse, continue calmamente sentado inspirando e expirando.

Se sentir que não consegue continuar ouvindo dessa maneira, deixe o outro saber disso. Peça a seu amigo: "Querido, podemos continuar a conversa daqui a alguns dias? Preciso me refazer. Preciso praticar para que eu possa escutá-lo da melhor maneira possível". Se você não estiver bem, não poderá escutar da melhor maneira que você é capaz. Pratique mais andando em meditação, respirando conscientemente e meditando sentado para recuperar a sua capacidade de escutar com compaixão.

Cuidando da raiva e de outras emoções arrebatadoras

A raiva é como uma criancinha gritando por sua mãe. Quando o bebê chora, a mãe o segura carinhosamente nos braços e o escuta e o observa cuidadosamente para descobrir o que há de errado. O ato amoroso de segurar o bebê com ternura já ameniza o sofrimento dele. Do mesmo modo, podemos abraçar nossa raiva com amor e imediatamente nos sentiremos aliviados. Não precisamos rejeitar nossa raiva. Ela é parte de nós e precisa do nosso amor e da nossa escuta profunda, tal como um bebê precisa. Depois que o bebê se acalmou, a mãe pode aferir se ele tem febre ou se precisa trocar a sua fralda. Quando nos sentimos calmos e comedidos, podemos observar nossa raiva profundamente e ver claramente as condições que permitiram que ela surgisse.

O livro *Flowers in the Garden of Meditation* (Flores no jardim da meditação) contém histórias de diferentes mestres Zens. Um mestre diz: se um monge ficar com raiva, ele não deve permanecer com essa raiva por mais de uma noite. No Vietnã as crianças dizem: "Fique zangado, triste ou aborrecido por cinco minutos". Nós temos o direito de ficar irados ou tristes, mas cinco minutos basta. O mestre de *Flowers in the Garden of Meditation* nos dá o direito de ficar com raiva a noite toda, mas na manhã seguinte nossa raiva deve ter terminado.

Se praticarmos ficando presentes com nossas emoções arrebatadoras, a energia de bondade amorosa e de carinho diminuirá a raiva e a tristeza. Toda vez que uma tempestade surge, sabemos voltar para casa e fechar todas as portas e janelas, impedindo que a chuva e o vento entrem e destruam nossa casa. Se não há eletricidade, acendemos velas ou candeeiros; se estiver frio, acendemos a lareira. Criamos uma área de segurança lá dentro enquanto a tempestade acontece lá fora.

Uma emoção forte se parece com uma tempestade e pode criar muitos prejuízos. Precisamos descobrir um meio de nos proteger; de criar um ambiente seguro e esperar a tempestade passar. Não podemos sentar e esperar que a tempestade passe rapidamente enquanto recebemos diretamente todos os danos dela. Manter nossa mente e corpo a salvo da tempestade é a nossa prática. Depois de cada tempestade, tornamo-nos mais fortes, mais firmes e logo deixaremos de ter medo de tempestades. Deixamos de rezar por um céu calmo e um mar calmo. Ao invés disso, rezamos para ter sabedoria e força para lidar com as dificuldades que surgem na vida.

Não devemos esperar até que as tempestades emocionais surjam em nós para começar a praticar. Temos que praticar hoje, e todo dia, de cinco a dez minutos. Após duas semanas, saberemos lidar com nosso método de respiração e, quando as tempestades emocionais surgirem em nós, instantaneamente, vamos nos lembrar de colocá-la em prática imediatamente.

A prática

Estar presente com a raiva

Quando sentimos raiva, é melhor se abster de fazer ou de dizer qualquer coisa. É bom que você retire a atenção da pessoa ou da situação que está regando a semente da raiva em você. Aproveite este momento para retornar para dentro de si. Pratique respirando conscientemente e andando em meditação ao ar livre para se acalmar e renovar sua mente e seu corpo. Depois que se sentir mais calmo e mais relaxado, você pode começar a contemplar profundamente você mesmo e a outra pessoa, ou situação que está fazendo a raiva surgir em você. Geralmente, quando você tem uma dificuldade com alguém em particular, essa pessoa pode ter uma característica que reflete uma fraqueza sua difícil de aceitar. À medida que seu amor e sua aceitação de si mesmo crescem, isso se espalhará naturalmente a todos à sua volta.

Uma caminhada meditativa pode ser muito proveitosa quando você está com raiva. Tente recitar estes versos enquanto caminha:

Inspirando, eu sei que a raiva está em mim.
Expirando, eu sei que este sentimento é
desagradável.

E depois de ter andado em meditação por algum tempo:

Inspirando, eu me sinto calmo.
Expirando, eu agora estou forte o suficiente para
cuidar desta raiva.

Até que você se sinta calmo o suficiente para olhar de frente para a raiva, apenas sinta sua respiração, sua caminhada e as belezas do mundo exterior. Depois de algum tempo, a raiva diminuirá e você se sentirá suficientemente forte para olhar de frente para ela, tentando compreender suas causas e iniciando o trabalho de transformá-la.

Se, quando estiver furioso, você quiser meditar sentado, reflita neste gatha:

> Ficando com raiva do outro na dimensão última,
> Devemos somente fechar os olhos e olhar na direção do futuro.
> Daqui a cem anos, onde estará você e onde eu deverei estar?

Este é o *insight* da impermanência. Quando fica com raiva de alguém que ama, você quer puni-lo para se aliviar. Esta é uma tendência natural. Mas se simplesmente fechar seus olhos e visualizar você e a pessoa amada daqui a cem ou trezentos anos, você alcançará a compreensão clara da impermanência. Apenas uma inspiração e uma expiração são suficientes para você ter este *insight*. Quando abrir os olhos você só quer fazer uma coisa: abrir os braços e abraçar aquela pessoa. Esta é a única coisa que merece ser feita: apreciar a efêmera presença dela devido à impermanência. Somente quando está desatento à natureza da impermanência é que você fica furioso.

Você sofre não porque as coisas são impermanentes, você sofre porque as coisas são impermanentes e você não sabe que elas são impermanentes. Isto é muito importante. Portanto é muito proveitoso respirar conscientemente para obter o *insight* da impermanência e mantê-la viva. Assim, você saberá o que fazer e o que não fazer para tornar a vida mais agradável. Observando uma flor, observando uma nuvem, observando um ser vivo, você entra em contato com a natureza da impermanência. Qual a importância da impermanência? Sem impermanência, nada seria possível. Não reclame da impermanência. Se as coisas não fossem impermanentes, como poderia um grão de milho se transformar num pé de milho? Como seu filho poderia crescer? A impermanência é a causa da vida. Mas, embora você conviva com a realidade da impermanência todo dia, você a nega. Quando contempla profundamente as coisas, você pode descobrir a natureza da impermanência, e torná-la um *insight* vivo que você carrega consigo em cada minuto de sua vida.

A prática

Emoções arrrebatadoras I

Toda vez que a tristeza, a raiva e a frustração vêm à tona, você tem a capacidade de lidar com elas. Como sua raiva, sua frustração é parte de você, não lute contra elas nem as oprima. Fazer isso é cometer um ato de violência contra você mesmo. Ao invés disso, toda vez que uma tempestade de emoções arrebatadoras surgir, sente-se quietamente, mantenha as costas retas, volte-se para sua respiração, volte para seu corpo, feche todas as janelas dos sentidos.

Você tem seis sentidos: ocular, auditivo, olfativo, paladar, tátil e mental. Não olhe, não ouça e não continue pensando sobre aquilo que você acha que é a fonte do seu sofrimento: aquela única frase, carta, ação ou notícia. Volte-se para dentro de si, ocupe-se da sua respiração, siga sua inspiração e expiração, agarre-se a sua inalação e exalação como um capitão segura o volante de um barco sendo arremessado pelas ondas do oceano. A respiração consciente é a âncora, o volante e o mastro.

Respire profundamente, prestando plena atenção na sua inalação e exalação. Preste atenção ao movimento do seu baixo ventre e veja que sua barriga se contrai quando você expira, e se expande quando você inspira. Mantenha-se atento ao baixo ventre, não deixe a atenção se desviar para a cabeça. Interrompa todos os pensamentos, apenas siga sua respiração de perto. Lembre a si mesmo: "eu já atravessei muitas tempestades. Toda tempestade tem que passar, não existe tempestade que permanecerá para sempre. Esta condição mental também passará. Tudo é impermanente. Uma tempestade é apenas uma tempestade. Não somos apenas uma tempestade. Podemos encontrar segurança bem no meio dela. Não deixaremos a tempestade causar prejuízos em nós". Quando consegue ver desse jeito, quando se lembra disso, você já começa a ser seu próprio chefe e deixa de ser vítima da tempestade emocional.

Observando uma árvore ser sacudida numa tempestade, temos a sensação de que a tempestade vai arrancá-la do solo a qualquer momento. Mas se observarmos o tronco e o pé da árvore, veremos que a árvore tem muitas raízes profundamente enraizadas na terra. Sentimo-nos aliviados, sabendo que a árvore se manterá forte. *Dan tien* é uma palavra vietnamita que designa o ponto energético logo abaixo do umbigo, que é a raiz da árvore. Preste atenção à base do seu abdômen e não deixe que o seu pensamento, a sua visão ou audição o puxe para o topo da árvore. Pratique respirando assim por cinco, dez ou quinze minutos, mantendo sua mente focada somente na sua respiração e no seu baixo ventre, deixando suas emoções passarem. Quando a tempestade de emoção passa, você sabe que tem a capacidade de se proteger, que você tem a habilidade de lidar com suas tempestades emocionais. Você tem fé em si mesmo e deixar de temer. Você tem meios de se proteger toda vez que uma tempestade emocional surgir ou vier à tona; portanto, você está muito em paz.

A prática

Emoções arrebatadoras II

Se estiver experimentando uma fase difícil na vida, você precisará fortalecer seus sentimentos de felicidade antes de trabalhar com seus desafios. Poderia parecer como se o inverso fosse verdadeiro. Mas ao nutrir-se de felicidade primeiro, você prepara o terreno para tratar sua dor. A seguinte meditação pode ajudar:

Sente-se imóvel num local calmo e traga sua atenção para sua respiração. Use a primeira das meditações a seguir para criar um sentimento de alegria interior. A segunda meditação lhe dará então a coragem para tratar seus sentimentos dolorosos.

1

Inspirando, eu estou consciente do sentimento de alegria dentro de mim mesmo.

Expirando, eu sorrio para o sentimento de alegria que está dentro de mim.

Inspirando, eu estou consciente do sentimento de felicidade dentro de mim.

Expirando, eu sorrio para o sentimento de felicidade que está dentro de mim.

2

Inspirando, eu estou consciente do sentimento de dor dentro de mim.

Expirando, eu solto a tensão deste sentimento doloroso dentro de mim.

Enviando luz

Enviar luz para uma pessoa significa usar nossa observação e nosso *insight* para aconselhar alguém sobre seus pontos fortes e fracos na prática, e propor formas de praticar que sejam proveitosas para ela. Esta é uma prática importante que funciona melhor quando existem relacionamentos profundos, prática regular e fortes conexões entre as pessoas envolvidas.

A prática

Cada participante pede à Sanga que envie luz para ele, para ajudá-lo a ver com mais clareza os seus pontos fortes e fracos, e a qualidade da sua prática. Esta é uma prática muito profunda tanto para os que estão enviando luz como também para os que a estão recebendo. Esta prática requer uma contemplação profunda. Precisamos olhar nossos irmãos e irmãs e entrar em contato com o que verdadeiramente apreciamos na prática deles ou delas. A única motivação deve ser o desejo de ajudar, que é gerado a partir do amor e compaixão pela pessoa que está recebendo luz.

A pessoa em questão pede à Sanga, de mãos postas, que a ilumine: "Querida Sanga, por favor, diga-me quais são os meus pontos fortes e fracos, e me aconselhe os tipos de práticas que devo seguir para aperfeiçoar minha prática". Depois disso, a pessoa se expressa acerca da prática que ela vem seguindo nos últimos meses: "Querida Sanga, eu tenho estas fraquezas, esse tipo de energia habitual. Eu tenho tentado me tornar consciente dessas energias habituais e tenho usado estes métodos para superar e transformar minhas energias habituais", e assim por diante. "Eu fui bem-sucedido nestes métodos, mas não tenho tido muito êxito em transformar isto e aquilo". E a pessoa dirá à Sanga como ela vê a si mesma.

Então, cada pessoa da Sanga se alterna falando para a pessoa recebendo luz e para toda a Sanga o que ela sabe sobre aquela pessoa. Então todos escutam, inclusive a pessoa que pediu a Sanga que enviasse luz para ela.

Fazemos esta prática somente quando tivermos vivido juntos por, pelo menos, três meses. Ela funciona muito bem quando as pessoas se conhecem a mais tempo do que isso. Primeiro, regamos as flores na pessoa a quem estamos enviando luz. Dizemos a ela quais são seus pontos fortes, sua bondade e aspectos positivos, para ajudá-los a crescer. E depois falamos sobre as coisas que poderiam ser melhoradas, as fraquezas. Isso é sempre feito com amor, sabedoria e compaixão. Como estamos usando palavras amáveis, a pessoa não se sente ferida. Finalmente, propomos práticas que ela possa usar para melhorar seu temperamento, e assim por diante. Quando propomos algo, isso deve vir de nossa própria experiência. Se tivermos praticado; se tivermos superado dificuldades, e se as tivermos transformado, proporemos coisas bem concretas que já nos ajudaram. O que dissermos estará bem próximo da verdade e ajudará a pessoa a ver-se com mais clareza; ela se beneficiará com isso e seguirá o que sugerimos para melhorar a prática dela. Não estamos criticando, mas sim dando apoio e compartilhando no caminho e na prática de cada pessoa.

É importante ter uma pessoa anotando tudo o que foi dito na sessão de enviar luz. Outra pessoa pegará as anotações e as colocará numa carta intitulada: carta de enviar luz. A carta de enviar luz tem, pelo menos, três partes. A primeira parte da carta fala sobre os pontos positivos, a força de vontade e boas qualidades da pessoa. A segunda parte da carta lida com as fraquezas que ainda existem. E a terceira parte da carta é para fazer propostas de como aquela pessoa pode melhorar sua prática e qualidade de vida. Portanto, existe muito amor no trabalho de enviar luz sobre uma pessoa.

No início, podemos ser muito relutantes. Podemos estar um pouco temerosos das pessoas falarem das nossas fraquezas; isto soa desagradável. Mas logo podemos descobrir que nós gostamos daquilo. Aprendemos tanto; compreendemo-nos muito melhor depois de uma sessão de enviar luz.

Se nos sentarmos numa sessão de enviar luz, aprenderemos muito. Cada um tem sua própria visão. Combinamos as visões individuais numa visão coletiva, e a chamamos de "olhos da Sanga". "Os olhos da Sanga" são sempre muito mais brilhantes do que os olhos individuais. Quando usamos nossos olhos individuais para olhar, podemos não ver com muita clareza. Mas se trinta, quarenta, cinquenta pessoas combinam suas observações, suas visões, então, isso nos levará mais próximo da verdade.

Escrevendo uma carta de amor

Se nós tivermos dificuldade com alguém em nossa vida, podemos passar algum tempo sozinhos e escrever uma carta para essa pessoa. Podemos escrever uma carta para alguém que vemos todo dia ou, de forma tão efetiva, para alguém que não vemos há anos. Muita gente achou essa prática proveitosa quando escreveu para um membro da família que não vive mais. O trabalho de reconciliação é uma grande oferenda que podemos fazer para nós mesmos, para as pessoas que amamos e para nossos ancestrais. Nós nos reconciliamos com nossa mãe e nosso pai dentro de nós, e poderíamos também encontrar uma maneira hábil de nos reconciliarmos com nossa mãe e nosso pai fora de nós. Nunca é tarde demais para levar paz e cura à nossa família consanguínea.

A prática

Permitam-se pelo menos três horas para escrever uma carta usando a fala amorosa. Enquanto escreve a carta, pratique contemplando profundamente a natureza do seu relacionamento. Por que a comunicação tem sido difícil? Por que a felicidade não tem sido possível? Pode ser que você queira começar sua carta assim:

> *Meu querido filho,*
> *Eu sei que você tem sofrido muito nos últimos*
> *anos. Eu não tenho sido capaz de ajudá-lo – na*

verdade, eu fiz a situação piorar. Eu não tenho a intenção de fazê-lo sofrer, meu filho. Talvez eu não seja suficientemente hábil. Talvez eu esteja tentando impor minhas ideias a você e fazendo-o sofrer. Antes eu achava que você me fazia sofrer – que você era a causa do meu sofrimento. Agora eu compreendo que fui eu o responsável pelo meu próprio sofrimento e o fiz sofrer. Como um pai, eu não quero que você sofra. Por favor, ajude-me. Por favor, diga-me quais foram minhas inabilidades passadas para eu não continuar fazendo você sofrer, pois, se você sofrer, eu também sofro. Eu preciso de sua ajuda, meu querido filho. Nós deveríamos ser uma dupla feliz, pai e filho. Estou determinado a fazer isto. Por favor, diga-me o que está em seu coração. Prometo me esforçar ao máximo para me abster de dizer ou fazer coisas que o façam sofrer. Você precisa me ajudar, senão é impossível eu conseguir isto. Não conseguirei fazer isto sozinho. No passado, toda vez que eu sofria, minha tendência era punir você, ou fazer e dizer coisas que faziam você sofrer. Eu pensava que esse era o jeito de eu me aliviar, mas eu estava errado. Agora eu compreendo que qualquer coisa que eu diga ou faça que lhe cause sofrimento, causará sofrimento em mim também. Estou determinado a não mais agir assim. Por favor, ajude-me.

Você descobrirá que a pessoa que terminou de escrever a carta não é a mesma que começou. Paz, compreensão e compaixão a transformaram. Um milagre pode ser conseguido em vinte e quatro horas. Esta é a prática da fala amorosa.

Outras práticas

Solidão

Buda vivia arrodeado de milhares de monges. Ele andava, sentava e comia entre monges e monjas, mas sempre permanecia em silêncio. Há um Sutra budista intitulado *Knowing the Better ay of Living Alone* (Sabendo a melhor maneira de viver só). Viver só não significa que não existe gente a nossa volta. Viver só significa que estamos firmemente estabelecidos no aqui e agora e estamos conscientes de tudo o que está acontecendo no momento presente. Você usa sua consciência plena para se tornar cônscio de cada sentimento, de cada percepção dentro de você e daquilo que está acontecendo ao seu redor; e você está sempre consigo mesmo, você não se perde. Esta é a forma ideal de viver uma vida solitária. A definição de Buda da prática ideal da solidão é esta: não estar aprisionado ao passado, não ser arrastado pelo futuro ou pela multidão, mas estar sempre ali, com o corpo e a mente unidos, tornando-se consciente do que está acontecendo no momento presente.

Sem a capacidade de estar sozinho, tornamo-nos cada vez mais pobres. Não temos nutrição suficiente para nós mesmos, e não temos muito para oferecer aos outros. Aprender a viver em solidão é muito importante. Todo dia devemos dedicar algum tempo para estar fisicamente sós, pois assim é mais fácil praticarmos nos nutrindo e nos olhando profundamente.

A solidão não significa apenas estar só no alto da montanha ou numa cabana no meio da floresta. A solidão não significa nos escondermos longe da civilização. A verdadeira solidão vem de um coração estável que não se deixa levar pela multidão ou por nossas aflições relativas ao passado, preocupações sobre o futuro, ou agitação no presente. Nós não nos perdemos. Nós não perdemos nossa consciência plena. Tomar refúgio em nossa respiração consciente, retornar ao momento presente é tomar refúgio na ilha bela e serena que existe dentro de cada um de nós.

Isto não quer dizer que é impossível praticar o estar só e a contemplação profunda quando estamos numa multidão de pessoas. É possível sim! Mesmo quando estamos numa feira de praça, podemos estar só e não ser levados pela multidão. Continuamos sendo nós mesmos. Continuamos sendo nós mesmos mesmo se estivermos numa discussão em grupo e haja emoção coletiva. Nós ainda permanecemos a salvos e firmes em nossa própria ilha.

A prática

O primeiro passo é estar fisicamente só. O segundo passo é ser você mesmo e viver em solidão mesmo quando está em grupo. Viver em solidão não significa se isolar dos outros. É porque está em solidão que você pode estar em comunhão com o mundo. Eu me sinto conectado a você porque sou inteiramente eu mesmo. É tão simples. Para realmente se relacionar com o mundo, você tem que primeiro voltar e se relacionar consigo mesmo.

Pratique sentando-se em meditação, andando, durante as refeições e trabalhando com os outros, mas sempre retorne à sua própria ilha também. Desfrute os momentos juntos com a família e os amigos sem se prender e se perder nas emoções e percepções do grupo. Sua comunidade, sua Sanga, é o seu suporte. Quando você vê alguém na sua comunidade agindo plenamente consciente, falando com amor e gostando do trabalho que faz, ela é o seu lembrete para você retornar à sua própria fonte de consciência plena e solidão.

Quando você se diverte com pessoas e amigos à sua volta e não se sente perdido interagindo com os outros, então, até mesmo no meio da sociedade, você pode sorrir e respirar em paz, morando na ilha dentro de si.

Silêncio

O silêncio é algo que vem do nosso próprio coração e não de alguém externo. Se tivermos realmente silenciado, não importa a situação que nos encontramos, podemos desfrutar o silêncio. Silenciar não significa deixar de falar e fazer coisas barulhentas. O silêncio quer dizer que não estamos preocupados internamente, que não há conversa interior. Há momentos em que pensamos que estamos em silêncio e que tudo a nossa volta está em silêncio, mas existem conversas acontecendo o tempo todo em nossa cabeça. Isso não é silêncio.

A prática não é gerar silêncio fora de nossas atividades, mas gerar silêncio dentro delas. Comer com outros da Sanga ou da família é uma oportunidade de gozar do silêncio. Sentar e andar em meditação são oportunidades de silenciar, como também ouvir uma palestra do Darma, ouvir um professor budista falando sobre os ensinamentos de Buda. Quando silenciamos internamente, a consciência pode penetrar no solo de nossa alma.

A prática

Durante os retiros nos centros de prática de Plum Village, um período de silêncio profundo é observado desde o final da sessão noturna de meditação sentada até depois do desjejum na manhã seguinte. Deixe o silêncio e a calma penetrarem sua carne e seus ossos. Deixe a energia e a consciência plena da Sanga penetrar seu corpo e sua mente. Volte lentamente, cônscio de cada passo, ao local aonde vai dormir. Respire profundamente desfrutando quietude e frescor. Mesmo que tenha alguém caminhando do seu lado, mantenha-se em silêncio; esta pessoa também precisa do seu apoio. Você pode ficar sozinho ao ar livre com as árvores e as estrelas, e depois entrar, usar o banheiro, trocar de roupa e ir logo para cama.

Deitado de costas, você pode praticar o relaxamento profundo até que o sono chegue. De manhã, mova-se consciente e silenciosamente até o banheiro, permitindo-se ter tempo de respirar, e depois se dirija imediatamente à sala de meditação. Você não precisa esperar por alguém. Quando vir alguém no caminho, apenas junte as palmas e baixe a cabeça saudando aquela pessoa, para que assim ela desfrute a manhã como você está desfrutando.

O Dia Inativo

Muitos de nós temos inúmeros compromissos, até mesmo nossas crianças estão cheias de horas marcadas. Nós pensamos que nos mantendo ocupados ficaremos satisfeitos, mas permanecer constantemente atarefado é uma das razões porque sofremos de estresse e depressão. Nós nos esforçamos para trabalhar duro e temos pressionado nossos filhos a trabalharem duro também. Isso não é uma civilização. Temos que mudar esta situação.

O Dia Inativo é um dia para nós estarmos sem quaisquer atividades agendadas. Nós apenas deixamos o dia se desdobrar naturalmente, atemporalmente. Podemos praticar andando em meditação, sozinhos ou com um amigo, ou sentar em meditação na floresta. Pode ser que queiramos ler um pouco ou escrever para um dos nossos familiares ou amigos.

Este pode ser um dia de observação profunda da nossa prática, e de nossa relação com os outros. Podemos aprender muito sobre a forma como estivemos praticando. Podemos identificar o que fazer ou não fazer para levar mais harmonia à nossa prática. Às vezes, podemos nos esforçar demais na prática, criando desarmonia em nós e à nossa volta. Neste dia, temos a chance de nos estabilizar. Podemos reconhecer que estamos precisando apenas de descanso ou que devemos praticar mais diligentemente. Este é um dia muito tranquilo para todos.

Quando não temos algo para fazer, ficamos entediados e buscamos alguma coisa para realizar ou alguma diversão. Temos muito medo de estarmos presentes, fazendo nada. O Dia Inativo foi prescrito para nos treinarmos a não ter medo de fazer nada. Caso contrário, não teremos como enfrentar nosso estresse e depressão.

Somente quando ficamos entediados e tomamos consciência de que estamos buscando uma distração para esconder os sentimentos de solidão e desmerecimento dentro de nós é que a tensão, a depressão e o estresse começam a se dissipar. Podemos organizar nossa vida cotidiana de uma maneira que nos dê oportunidades de aprender a ser paz, alegria, amor, e a ser compassivo.

A prática

Um Dia Inativo não é um dia para você fazer apenas o que gosta. Na maioria dos dias você tem tanta coisa para fazer às outras pessoas, afazeres diários, e tem coisas que você gostaria muito de fazer para si mesmo. Mas isto não é Dia Inativo. O Dia Inativo é um dia em que você se abstém de fazer qualquer coisa; você evita ter o que fazer. Como você está acostumado a sempre estar fazendo alguma coisa, isto se tornou um mau hábito. O Dia Inativo é um tipo de medida drástica contra esse tipo de energia habitual.

Nos Dias Inativos você se esmera para se abster de fazer alguma coisa. Tente fazer nada. É difícil. É difícil, mas você pode aprender um novo jeito de ser. Você acha que, quando não está fazendo alguma coisa, está perdendo seu tempo. Isto não é verdade. Seu tempo é, acima de tudo, para você estar vivo, ser paz, ser alegria, ser amoroso. O mundo precisa de pessoas alegres e amorosas, capazes de simplesmente ser sem fazer. Se conhecer a arte de ser a paz, de ser forte, você tem o fundamento para qualquer ação. O fundamento de toda ação é o ser, e a qualidade do ser determina a qualidade do fazer. E ação deve estar baseada na inação. Geralmente dizemos: "Não fique aí apenas sentado, faça alguma coisa". Mas temos que inverter esta frase e dizer: "Não fique aí só fazendo coisas, sente-se aí", para estarmos e sermos de uma forma que a paz, a compreensão e a compaixão sejam possíveis.

Ouvindo uma palestra do Darma

Os ensinamentos de Buda são chamados de Darma. Se você for participar de um retiro num centro de prática, ou juntar-se a um grupo para assistir uma aula ministrada por um professor laico budista, perto de onde mora, terá a oportunidade de ouvir uma palestra do Darma.

A prática

Chegue cedo à palestra, assim você poderá ter tempo suficiente de achar um lugar e se acomodar calmamente. Ouça as palestras com uma mente aberta e um coração receptivo. Se ouvir apenas com o intelecto, comparando e julgando o que é dito com o que você pensa que já sabe, ou ouviu outros dizerem, você pode perder a chance de realmente receber a mensagem que está sendo transmitida.

O Darma é como chuva. Deixe-o penetrar profundamente na sua consciência, regando as sementes de sabedoria e compaixão que já estão lá. Esteja aberto para absorver a palestra, como uma terra recebendo uma refrescante chuva de primavera. A palestra pode ser apenas a condição que nossa árvore precisa para florescer e dar os frutos de compreensão e amor.

Em respeito aos ensinamentos e ao professor, você será requisitado a sentar-se numa cadeira ou almofada durante os ensinamentos, sem se deitar. Se sentir-se cansado durante a palestra, mude cuidadosamente de posição e pratique respirando profundamente, e se massageando gentilmente por um ou dois minutos para oxigenar o cérebro e as partes cansadas do seu corpo.

Evite falar e fazer barulho inconveniente durante a palestra do Darma. Se for absolutamente necessário sair durante a palestra, por favor, faça isso com o mínimo de transtorno para os outros.

Conversando sobre o Darma

Conversar sobre o Darma é uma oportunidade de nos beneficiarmos dos *insights* e das experiências obtidas com a prática uns dos outros. É um momento especial de compartilharmos nossas experiências, nossas alegrias, nossas dificuldades e nossas dúvidas relacionadas à prática da consciência plena. Praticando a escuta profunda enquanto os outros falam, nós ajudamos a criar um ambiente calmo e receptivo. Aprendendo a falar livremente sobre nossa felicidade e dificuldades na prática, contribuímos para o *insight* coletivo e a compreensão do grupo.

A prática

Fundamente o seu compartilhar apenas na sua própria experiência da prática, não em ideias abstratas e assuntos teóricos. Muitos de nós temos dificuldades e aspirações semelhantes. Sentandos, escutando e conversando juntos, reconhecemos nossas verdadeiras conexões com os outros. Uma pessoa compartilha de cada vez. Enquanto aquela pessoa está falando, todos seguem sua própria respiração e escuta profundamente sem julgar ou reagir, e nem se atravessar na conversa ou oferecer conselhos.

Lembre-se de que qualquer coisa que seja compartilhada durante uma conversa do Darma é confidencial. Se um amigo compartilha sobre uma dificuldade que ele está enfrentando, respeite o fato de que ele pode querer ou não conversar sobre isso fora daquela sessão de conversa do Darma.

> *Conversando sobre o Darma na dimensão última,*
> *olhamos um para o outro e sorrimos.*
> *Você sou eu, não vê?*
> *Falando e ouvindo, nós somos um.*

Tocando a Terra

A prática de Tocar a Terra, também conhecida como reverenciando profundamente ou prostrando-se, ajuda-nos a voltar para a terra e para nossas raízes e a reconhecer que não estamos sós, mas conectados com toda uma linhagem de ancestrais espirituais e consanguíneos. Nós tocamos a terra para largar a ideia de que estamos separados e para nos lembrar de que somos a terra e parte da vida.

Quando tocamos a terra, tornamo-nos pequenos com a humildade e simplicidade de uma criancinha. Quando tocamos a terra, tornamo-nos grandes como uma árvore antiga enviando suas raízes para as profundezas da terra, bebendo da fonte de todas as águas. Quando tocamos a terra, inspiramos toda a força e a estabilidade da terra e expiramos nosso sofrimento – nossos sentimentos de raiva, ódio, medo, inadequação e tristeza.

A prática

Para iniciar esta prática, junte as palmas em frente ao peito formando um botão de lótus com as mãos. Então gentilmente vá descendo ao chão até que suas mãos toquem o chão e seus antebraços, joelhos e suas pernas e a sua testa repousem confortavelmente no chão. Enquanto está tocando a terra, vire as palmas das mãos para cima, demonstrando sua sinceridade às

Três Joias: Buda, Darma e Sanga. Inspire toda a força e a estabilidade da terra e expire soltando sua agarração a qualquer sofrimento. Depois de uma ou duas vezes praticando Tocar a Terra, você já consegue largar muito do seu sofrimento e do seu sentimento de alienação, e se reconciliar com seus ancestrais, pais, filhos e amigos.

Tocar a terra é uma prática boa de fazer com uma Sanga. Quando você está numa Sanga, uma pessoa pode ser o mestre do sino e convidar o sino a soar entre uma prostração e outra. Esta mesma pessoa pode ler em voz alta os Cinco Toques da Terra enquanto todos se prostram. Se você pratica sozinho Tocando a Terra, pode gravar você lendo o texto ou fazer esta prática de memória.

Os Cinco Toques da Terra

Com gratidão, eu me curvo reverenciando todas as gerações de ancestrais da minha família consanguínea.

Eu vejo minha mãe e meu pai, cujo sangue, corpo e vitalidade estão circulando em minhas próprias veias e nutrindo cada célula dentro de mim. Por meio deles, eu vejo os meus quatro avós. Eu carrego em mim a vida, o sangue, a experiência, a sabedoria, a felicidade e as tristezas de todas as gerações. Eu abro meu coração, minha carne e meus ossos para receber a energia do *insight*, do amor e da experiência transmitida a mim por meus ancestrais. Eu sei que os pais sempre amam e apoiam seus filhos e netos, embora nem sempre eles sejam capazes de expressar isso habilmente, devido às dificuldades que eles encontram. Como sou uma continuação dos meus ancestrais, eu permito que a energia deles flua através de mim e peço o apoio, a proteção e a força deles.

Com gratidão, eu me curvo reverenciando todas as gerações de ancestrais da minha família espiritual.

Eu vejo em mim os meus professores, aqueles que me mostram o caminho do amor e da compreensão, a forma de respirar, sorrir, perdoar e viver profundamente no momento presente. Eu abro meu coração e meu corpo para receber a energia da compreensão, da bondade amorosa e a proteção dos Seres Despertos, os seus ensinamentos e as suas comunidades de prática através de muitas gerações. Eu me comprometo a praticar para transformar o sofrimento em mim e no mundo, e transmitir a energia dos Seres Despertos às futuras gerações de praticantes.

Com gratidão, eu me curvo reverenciando esta terra e todos os ancestrais que a tornaram acessível.

Eu vejo que sou sadio, protegido e nutrido por esta terra e todos os seres vivos que aqui estiveram e fizeram, por meio de muito esforço, a vida ser possível e proveitosa para mim. Eu me vejo tocando meus ancestrais nativos americanos que há tanto tempo vivem nesta terra e sabem as formas de viver em paz e harmonia com a natureza, protegendo as montanhas, as florestas, os animais, os vegetais e os minerais desta terra. Eu sinto a energia desta terra penetrando meu corpo e espírito, apoiando-me e aceitando-me. Eu me comprometo a fazer minha parte para transformar a violência, o ódio, a desilusão que ainda repousam nas profundezas da consciência desta sociedade, para que as futuras gerações tenham mais segurança, alegria e paz. Eu peço proteção e apoio a esta terra.

Com gratidão e compaixão, eu me curvo para reverenciar e transmitir minha energia àqueles que amo.

Toda a energia que recebi eu quero agora transmiti-la ao meu pai, a minha mãe, e a todos os que amo e todos os que sofreram e se preocuparam comigo para o meu próprio benefício. Eu quero que todos eles sejam saudáveis e jubilosos. Eu rezo para que todos os meus ancestrais, das minhas famílias consanguínea e espiritual, direcionem suas energias para cada uma das pessoas que amo, protegendo-as e apoiando-as. Eu sou una com todos os que amo.

Com compreensão e compaixão, eu me curvo para reverenciar e me reconciliar com todos os que me fizeram sofrer.

Eu abro o meu coração e envio minha energia de amor e compreensão para todos os que me fizeram sofrer; para os que destruíram parte da minha vida e da vida daqueles que amo. Eu agora sei que estas pessoas atravessaram muito sofrimento e os seus corações estão sobrecarregados de dor, raiva e ódio. Eu rezo para que elas possam ser transformadas e experimentar a alegria de viver, para que elas não continuem fazendo elas mesmas e os outros sofrerem. Eu compreendo o seu sofrimento e não quero guardar em mim qualquer sentimento de ódio ou raiva com relação a elas. Eu não quero que elas sofram. Eu canalizo minha energia de amor e compreensão para elas e peço a todos os meus ancestrais para ajudá-las.

Viajando e voltando para casa

Estamos acostumados a viajar muito. Mesmo quando saímos de férias ou estamos num centro de prática, ou em outro lugar de descanso, nós geralmente já estamos planejando nossos passeios ou fugas. Em Plum Village nós evitamos o quanto podemos ir até a cidadezinha próxima. Nosso tempo vivido aqui no centro de prática é muito precioso. Há muitos elementos nutritivos de paz e alegria aqui, como as lindas árvores e florestas, os pássaros, nossos irmãos e irmãs que vieram das mais diferentes situações de vida para praticar como nós. A energia coletiva da Sanga é a coisa mais preciosa. Utilizamos nossos tempos dedicados à prática.

Geralmente, quando as pessoas encontram um lugar onde conseguem relaxar ou fazem do centro de prática o lar delas, elas se sentem tristes quando chega a hora de partir. Mas não há chegadas nem partidas, porque estamos sempre com vocês e vocês conosco. Quando for para casa, lembre-se de retornar à sua respiração. Você saberá que os amigos em Plum Village e o corpo da nossa Sanga, em todas as partes do mundo, também estarão respirando.

A prática

No dia em que você estiver indo passear ou partindo para uma viagem, convide o sino a soar quinze minutos antes da hora de partir. Permita-se ter tempo suficiente para os preparativos, assim você não terá que se apressar. Vá se dirigindo ao ônibus, carro ou van sem se atrasar e deixar os outros esperando. Ande conscientemente e entre num carro que tenha lugar disponível. Sente-se com as costas retas e siga sua respiração. Pode ser que você goste de apreciar a zona rural circundante. Evite ser arrastado por conversas.

Continue praticando enquanto volta para sua casa, família e sociedade. Como você aprendeu a viver em harmonia com a Sanga em Plum Village, você também pode cultivar harmonia na sua família e sociedade. Como você aprendeu a compreender e apreciar seus amigos de prática, você também pode aprender a entender e valorizar seus colegas de trabalho e vizinhos. Você pode praticar a fala amorosa com pessoas desconhecidas no ônibus da sua cidade, tal como faz com suas irmãs e seus irmãos em Plum Village. A prática da consciência plena está em todo lugar aonde você for.

Em qualquer lugar, a qualquer momento, você pode se refugiar nas práticas de respirar conscientemente, comer conscientemente, falar amavelmente, escutar profundamente e muitas outras práticas maravilhosas. Quando você pratica, se sentirá muito conectado e não só. Você se torna tão vasto quanto toda comunidade, todo o corpo da Sanga.

Metta: a meditação do amor

Amar é, antes de tudo, aceitar-nos como realmente somos. Por isso, nesta meditação do amor, "conhecer a si mesmo" é a primeira prática de amor. Quando praticamos isso, vemos as condições que nos fizeram ser da forma que somos. Assim fica fácil nos aceitar, incluindo ambos: nosso sofrimento e nossa felicidade.

Um dia, o Rei Prasenajit de Koshala perguntou à Rainha Mallika: "Minha querida esposa, existe alguém que a ame tanto quanto você ama a si mesma?" Então a rainha riu e respondeu: "Meu querido marido, existe alguém que o ame tanto quanto você ama a si mesmo?" No dia seguinte eles contaram a Buda sobre a conversa e Buda disse: "Vocês estão certos. Não há ninguém no universo que estimamos mais do que nós mesmos. A mente pode ir a milhares de direções, mas não encontrará ninguém mais amado. No momento em que perceber o quão importante é amar a si mesmo, você deixará de fazer os outros sofrerem".

Metta significa bondade amorosa. Nós começamos com uma aspiração: "Que eu seja..." Depois transcendemos o nível de aspiração e analisamos profundamente as características positivas e negativas do objeto da nossa meditação, neste caso, nós mesmos. O desejo de amar ainda não é amor. Contemplamos profundamente com todo o nosso ser para compreender. Não apenas repetimos as palavras, ou imitamos os outros, ou lutamos por algum ideal. A prática da meditação do amor não é uma autossugestão. Não dizemos simplesmente: "Eu me amo. Eu amo todos os seres". Nós olhamos profundamente para o nosso corpo, nossos sentimentos, nossas percepções, nossas formações mentais e nossa consciência e, em apenas algumas semanas, nossa aspiração de amar se tornará uma intenção profunda. O amor entrará em nossos pensamentos, palavras e ações, e perceberemos que nos tornamos pacíficos e felizes, com o corpo e o espírito leves, fora de perigo e livre de injúrias, e livres da raiva, das aflições, do medo e da ansiedade.

Quando praticamos, observamos o quanto de paz, felicidade e leveza nós já temos. Percebemos se estamos ansiosos pensando em acidentes e infortúnios e o quanto de raiva, de irritação, de medo, de ansiedade ou preocupação já estão em nós. Na medida em que nos tornamos conscientes dos nossos sentimentos, a nossa autocompreensão se aprofundará. Veremos como nossos medos e falta de paz contribuem para nossa infelicidade, e veremos o valor de nos amar e cultivar um coração compassivo.

Nesta meditação do amor, "raiva, aflição, medo e ansiedade" se referem a todo estado mental negativo e prejudicial que habita em nós e nos rouba a paz e a felicidade. Raiva, medo, ansiedade, obsessão, ganância e ignorância são as grandes aflições do nosso tempo. Adotando um viver consciente, somos capazes de lidar com essas aflições, e nosso amor é traduzido em ações efetivas.

A prática

Esta é uma meditação do amor adaptada de *Visuddhimagga* (O Caminho da Purificação) por Buddhaghosa, uma sistematização dos ensinamentos de Buda no século V d.C.

Que eu seja tranquilo(a), feliz, com o corpo e espírito leves.
Que eu esteja fora de perigo e livre de injúria.
Que eu esteja livre da raiva, das aflições, do medo e da ansiedade.

Que eu aprenda a olhar para mim mesmo com olhos compassivos e amorosos.
Que eu seja capaz de reconhecer e tocar as sementes de alegria e felicidade dentro de mim.
Que eu aprenda a identificar e ver as fontes da raiva, do desejo ansioso e da ignorância dentro de mim.

Que eu saiba nutrir todo dia as sementes de alegria dentro de mim.
Que eu seja capaz de viver bem disposto, forte e livre.
Que eu esteja livre de apego e aversão, mas não seja indiferente.

Para praticar esta meditação do amor, sente-se quieto, acalme seu corpo e sua respiração e recite os versos acima para si mesmo. A posição sentada é maravilhosa para esta prática. Quietamente sentado, você deixa de se preocupar tanto com outros assuntos, e assim pode olhar profundamente para si mesmo como você está, cultivar amor por si mesmo, e decidir as melhores formas de expressar este amor para o mundo.

Comece praticando esta meditação do amor com você mesmo (eu). Até que seja capaz de amar e cuidar de si mesmo, você não poderá ajudar efetivamente os outros. Depois disso, pratique para as outras pessoas: "Que ele(ela) seja tranquilo(a), feliz, com o corpo e espírito leves"; "Que eles(elas) sejam tranquilos(as), felizes com o corpo e espírito leves". Em primeiro lugar, escolha alguém que você goste, depois alguém neutro, depois uma pessoa que você ama, e finalmente alguém que só de pensar o faz sofrer.

De acordo com Buda, um ser humano é feito de cinco elementos, chamados *skandhas* em sânscrito. Estes skandhas são: forma, sentimentos, percepções, formações mentais e consciência. Num certo sentido, você é um inspetor e estes elementos são o seu território. Para conhecer a verdadeira situação no seu interior, você tem que conhecer o seu próprio território, inclusive os elementos que estão guerreando entre si dentro de seu ser. Para fazer surgir harmonia, reconciliação e cura interior, você tem que se compreender. Olhar e ouvir profundamente, vistoriar seu território, é o início da meditação do amor.

Comece esta prática contemplando profundamente o skandha da forma, ou seja, seu corpo. Indague: Como está meu corpo neste momento? Como ele era no passado? Como ele estará no futuro? Depois quando for meditar sobre quem você gosta, em alguém neutro para você; ou em quem você ama, e quem você odeia; comece também observando os aspectos físicos destas pessoas. Inspirando e expirando, visualize o rosto, o jeito de andar, de sentar, de conversar; o coração, os pulmões, os rins e todos os órgãos do corpo daquela pessoa, levando o tempo que você necessita para se conscientizar destes detalhes. Mas sempre comece com você mesmo. Quando você vê claramente os seus próprios cinco skandhas, compreensão e amor surgem naturalmente e você sabe o que fazer e o que não fazer.

Olhe dentro do seu corpo e veja se ele está em paz ou sofrendo por causa de alguma doença. Olhe as condições dos seus pulmões, do seu coração, dos intestinos, rins e do seu fígado para saber quais são as reais necessidades do seu corpo. Quando fizer isso, você irá comer, beber e agir de forma que demonstrará seu amor e sua compaixão por seu corpo. Costumeiramente, você segue hábitos arraigados. Mas quando observa profundamente, você vê que muitos desses hábitos prejudicam seu corpo e sua mente; por isso, você trabalha para transformá-los em meios conducentes à saúde e vitalidade.

Depois observe seus sentimentos – se são agradáveis, desagradáveis ou neutros. Os sentimentos fluem em nós como um rio, e cada sentimento é uma gota d'água naquele rio. Examine o rio dos seus sentimentos e veja como cada um deles surgiu. Veja o que o tem impedido de ser feliz, e faça o máximo possível para transformar tais obstáculos. Pratique entrando em contato com os elementos maravilhosos, revigorantes e saudáveis que já estão em você e no mundo. Fazendo isso, você se torna mais forte e mais apto para se amar e amar os outros.

Em seguida, medite nas suas percepções. Buda comentou: "A pessoa que mais sofre neste mundo é aquela que tem muitas percepções equivocadas, e a maioria das nossas percepções são errôneas". Você vê uma cobra no escuro e entra em pânico, mas, quando seu amigo lança luz sobre ela, você vê que é somente uma corda. Você tem que saber quais percepções errôneas lhe causam sofrimento. Por favor, escreva bem bonita a frase "Você tem certeza?" num pedaço de papel e pregue-o na parede. A meditação do amor o ajuda a ver com clareza e serenidade para aprimorar sua percepção.

Depois observe suas formações mentais, as ideias e tendências no seu interior que o levam a falar e a agir do modo como você faz. Contemple profundamente para descobrir a verdadeira natureza das suas formações mentais – como você está influenciado por sua consciência individual e também pela consciência coletiva de sua família, seus ancestrais e a sociedade. As formações mentais nocivas provocam muito transtorno; as formações mentais benéficas fazem o amor, a felicidade e a liberdade surgir.

Finalmente, observe sua consciência. De acordo com o Budismo, a consciência é como um campo que contém nele todos os tipos de sementes possíveis: sementes de amor, de compaixão, de alegria, de equanimidade, sementes de raiva, de medo e de ansiedade; e sementes de consciência plena. A consciência é o armazém que contém todas estas sementes, todas as possibilidades do que poderia surgir em nossa mente. Quando sua mente não está em paz, pode ser devido aos desejos e sentimentos guardados na sua consciência armazenadora. Para viver em paz, você precisa estar atento às suas tendências – suas energias habituais –, para que possa exercer algum autocontrole. Esta é a prática do cuidado preventivo com a saúde. Contemple profundamente a natureza dos seus sentimentos para encontrar suas raízes, para ver quais sentimentos precisam ser transformados e nutrir aqueles que trazem paz, alegria e bem-estar.

Desarmamento unilateral

O que podemos fazer quando temos consciência de ter feito algo que causou infelicidade aos outros? As pessoas que fizemos sofrer podem ainda estar vivas; as pessoas que fizemos sofrer podem já ter morrido. O que podemos fazer para pedir desculpas? A mágoa não está somente no corpo, no espírito e na consciência da outra pessoa, mas também dentro de nós. Suponhamos que dissemos algo indelicado à nossa avó, cinquenta anos atrás. A dor e o sofrimento ainda estão lá em nossa consciência, em nosso espírito. Eu sei que minha avó está viva dentro de mim com a mágoa dela. Eu também estou vivo com o mesmo tipo de mágoa. Praticar o desarmamento unilateral significa nos desarmarmos independentemente do que foi feito e independentemente de a outra pessoa estar viva ou não.

Não precisamos que a outra pessoa esteja presente para nos curar. Não precisamos que ela esteja sentada à nossa frente para que nós nos reconciliemos com ela. A reconciliação e a cura podem ser realizadas dentro de uma única pessoa. E o desarmamento pode ser feito unilateralmente. Se nos desarmarmos, se nos tornarmos tranquilos, se decidirmos não atacar e não brigar, nós já temos paz interior. Mesmo quando só uma pessoa pratica o desarmamento unilateral, isso já afetará a outra pessoa.

A prática

Quando estiver consciente de uma mágoa, comece inspirando e expirando, e comece a ter consciência daquela mágoa. Por exemplo: inspirando, eu estou consciente da minha mágoa; expirando, estou cuidando bem dela. Inspirando, eu digo: "Desculpe-me, vovó"; expirando: "Eu sei que não vou fazer mais isso".

Quando pratica assim, você faz sua avó sorrir dentro de você, e a cura começa a acontecer. No momento em que se desarma, e decide desistir da luta, no momento que pratica interiormente começando de uma nova maneira, a cura começa e você atravessará uma transformação que logo mais afetará a outra pessoa. Ela verá a diferença em você. E agora você olha para ela de outra maneira; você sorri para ela de um modo diferente. Você é agora uma flor e não mais um espinho para ela. Ela logo notará isso, e será a vez dela se desarmar e se transformar.

A paz começa comigo. A reconciliação começa comigo; a cura começa comigo. Portanto, quando você pratica respirando profundamente e sorrindo para a dor dentro de si, e se compromete a recomeçar de uma nova maneira, quando pratica a bondade amorosa, cuidando da sua dor e do seu sofrimento, você já está cuidando da outra pessoa. Cuidar de si é cuidar do outro.

Por exemplo, suponhamos que você escreve uma carta de reconciliação dez anos após ter se separado de alguém. Se sua carta for sincera, você começará a se sentir bem melhor imediatamente, logo que começar a escrevê-la. Você ainda não colocou a carta no envelope, ainda não colocou o selo nela nem a enviou pelo correio, a outra pessoa ainda não a recebeu, mas você se sente bem naquele exato momento, você já se reconciliou consigo mesmo, e sua saúde começa a melhorar imediatamente. Aquela pessoa precisaria de três a cinco dias para receber a carta e lhe telefonar agradecendo, mas este é somente um dos efeitos, não o único.

Conversando com nossa criança interna

Muitos de nós temos uma criança ferida dentro de nosso ser. Fomos profundamente magoados enquanto crianças, tornando difícil para nós confiar e amar, e permitir que o amor dos outros nos alcance. Permitir-se ter tempo para retornar a esta criança é uma prática muito importante, mas pode ter um obstáculo. Muitos de nós sabemos que existe uma criança ferida dentro de nosso ser, mas temos medo de nos voltarmos interiormente para ficar com nossa criança. O bloco de dor e tristeza existente em nosso interior é tão imenso e opressivo que fugimos dele. Mas temos que voltar para casa e cuidar da nossa criança ferida, mesmo que isso seja difícil. Precisamos de instruções de como fazê-lo para que a dor interna não nos oprima.

A prática

As práticas de andar, sentar e respirar conscientemente são cruciais. Também a energia de consciência plena dos seus amigos pode ajudar. Na primeira vez que voltar para casa para atender sua criança ferida pode ser que você precise de um ou dois amigos – especialmente os que tiveram êxito nesta prática – sentados próximos a você, oferecendo-lhe apoio, consciência plena e energia. Quando um amigo senta junto de você e segura sua mão, você combina a energia dele com a sua e, portanto, pode se sentir mais seguro ao voltar para casa e abraçar dentro de si a criança ferida.

Quando sentar ou caminhar conscientemente, converse internamente com sua criança ferida, abrace-a com a energia da consciência plena. Você pode dizer: "Querida, estou aqui ao teu dispor. Vou cuidar bem de ti. Eu sei que tu sofres muito. Eu estive tão ocupado e fui negligente contigo, mas agora aprendi uma maneira de voltar para ti".

Você deve conversar com sua criança várias vezes por dia. Só assim a cura poderá acontecer. A criancinha foi deixada sozinha por tanto tempo. Por isso você precisa começar a prática imediatamente. Abraçando sua criança com ternura, você a tranquiliza de que nunca mais irá desapontá-la, nem deixá-la abandonada. Se você tem uma Sanga amorosa, sua prática será mais fácil. Praticar sozinho, sem o apoio de irmãos e irmãs, é mais difícil. É muito importante tomar refúgio na Sanga e ter irmãos e irmãs para assisti-lo e dar-lhe conselhos e apoio nos momentos difíceis.

Sua criança ferida pode representar várias gerações. Talvez seus pais e avós tenham tido o mesmo problema; eles também tiveram uma criança interna ferida com quem não sabiam lidar, e por isso transmitiram a criança ferida deles para você. Praticamos para romper este círculo vicioso. Se conseguir curar sua criança ferida, você libertará a pessoa que abusou você. Aquela pessoa também pode ter sido vítima de abuso. Se você fornecer a energia da consciência plena, compreensão e compaixão para sua criança ferida, você sofrerá muito menos. As pessoas sofrem porque não foram tocadas pela compaixão e compreensão. Quando você gera consciência plena, compaixão e compreensão se tornam possíveis. Assim você pode se permitir ser amado pelas pessoas. Antes você desconfiava de tudo e de todos. A compaixão o ajuda a se relacionar com os outros e a restaurar a comunicação.

Os Quatorze Treinamentos para uma Consciência Plena

Os Quatorze Treinamentos para uma Consciência Plena da Ordem do Interser é uma versão moderna dos cinquenta e oito preceitos do bodisatva estabelecidos no *Sutra Brahmajala* (O Sutra da Rede de Indra)[9]. Os Quatorze Treinamentos para uma Consciência Plena representam a consciência plena em nossas vidas reais, e não apenas ensinamentos teóricos. Se praticarmos estes treinamentos profundamente, constataremos que cada um deles contém todos os demais. Estudar e praticar estes treinamentos pode nos ajudar a compreender a verdadeira natureza do interser – de que não podemos simplesmente existir por nós mesmos sozinhos, só podemos interexistir com todos e tudo o mais. Praticando estes treinamentos nos tornamos conscientes do que está acontecendo em nossos corpos, nossas mentes e no mundo. Com consciência podemos viver nossas vidas alegremente, totalmente presentes em cada momento de vida, inteligentemente procurando soluções para os problemas que enfrentamos, e trabalhando pela paz em pequena e grande escala.

---

[9]. A Order of Interbeing (Ordem do Interser) foi fundada no ano de 1966, durante a Guerra no Vietnã. Ela é formada por membros monásticos e laicos. Para mais informações, cf. THICH NHAT HANH. *Interbeing*. Berkeley, CA: Parallax Press, 1998.

Quando praticamos profundamente os Cinco Treinamentos para uma Consciência Plena (descritos na seção de Práticas diárias), nós já estamos praticando os quatorze. Se quisermos receber formalmente Os Quatorze Treinamentos para uma Consciência Plena e entrar no cerne da comunidade da Ordem do Interser, é porque queremos nos tornar um líder comunitário, que organiza práticas numa Sanga. Somente quando sentimos que temos tempo, energia e interesse suficientes para cuidar de uma comunidade é que devemos pedir esta ordenação formal. Então estaremos trabalhando juntos com outros irmãos e irmãs. Caso contrário, Os Cinco Treinamentos da Consciência Plena são suficientes. Podemos praticar Os Quatorze Treinamentos da Consciência Plena sem ter sido ordenado membro da Ordem numa cerimônia formal. Se quisermos, podemos também modificar algumas palavras que se adéquam a nossa própria tradição.

A prática

Os Quatorze Treinamentos para uma Consciência Plena

Os Quatorze Treinamentos para uma Consciência Plena são a própria essência da *Order of Interbeing* [Ordem do Interser]. Eles são a tocha que ilumina nosso caminho, o barco que nos carrega, e o professor que nos guia. Eles nos permitem tocar a natureza do interser em tudo o que existe, e a ver que nossa felicidade não está separada da felicidade dos outros. Interser não é uma teoria; é uma realidade que pode ser experimentada diretamente por cada um de nós a qualquer momento em nossa vida cotidiana. Esses quatorze treinamentos nos ajudam a cultivar a concentração e o *insight* que nos libertam do medo e da ilusão de que existe um 'eu' separado.

O primeiro treinamento: Abertura

Conscientes do sofrimento causado pelo fanatismo e intolerância, nós estamos determinados a não sermos idolátricos ou confinados a qualquer doutrina, teoria ou ideologia, mesmo as budistas. Estamos comprometidos(as) a ver os ensinamentos budistas como meios que nos guiam e nos ajudam a desenvolver nossa compreensão e compaixão. Eles não são doutrinas para se lutar ou morrer por elas. Compreendemos que o fanatismo em suas muitas formas é o resultado de se perceber as coisas de uma maneira dualista e discriminativa. Nós nos treinaremos para olhar para tudo com abertura e *insight* do interser para transformar o dogmatismo e a violência em nós e no mundo.

O segundo treinamento: Desprendimento de visões

Conscientes do sofrimento causado pelo apego às opiniões e percepções equivocadas, nós estamos determinados a evitar termos visões estreitas, e a ficar atados aos pontos de vista do presente. Estamos comprometidos a aprender e praticar o desprendimento de visões e a estarmos abertos às experiências e *insights* dos outros para nos beneficiar da sabedoria coletiva. Estamos conscientes de que o conhecimento que hoje possuímos não é uma verdade absoluta e imutável. O *insight* é revelado através da prática da escuta compassiva, da contemplação profunda e abrindo mão de noções; e não através do acúmulo de conhecimento intelectual. A verdade é encontrada na vida, e observaremos a vida dentro e fora de nós, em cada momento, prontos para aprender no decorrer de nossas vidas.

O terceiro treinamento: Liberdade de pensamento

Conscientes do sofrimento causado quando impomos nossas visões de mundo aos outros, estamos determinados a não forçar, de forma alguma, os outros, nem mesmo nossos filhos, seja através da autoridade, ameaça, dinheiro, propaganda ou doutrinação, a adotar nossas opiniões e ideias. Estamos comprometidos a respeitar o direito dos outros serem diferentes, de escolherem em que acreditar e como decidir. No entanto, nós vamos aprender a ajudar os outros a largar e transformar o fanatismo e visões estreitas através do diálogo compassivo.

O quarto treinamento: Consciência do sofrimento

Conscientes de que contemplar profundamente a natureza do sofrimento pode nos ajudar a desenvolver compreensão e compaixão, estamos determinados a voltar para casa, dentro de nós, para reconhecer, aceitar, abraçar e ouvir o sofrimento com a energia da consciência plena. Nos esforçaremos ao máximo para não fugir do nosso sofrimento nem encobri-lo com consumismo, mas sim praticar respirando e andando conscientemente, e examinando profundamente as raízes do nosso sofrimento. Nós sabemos que poderemos compreender o caminho que leva à transformação do sofrimento somente quando compreendermos profundamente as raízes do sofrimento. Quando tivermos compreendido nosso próprio sofrimento, seremos capazes de compreender o sofrimento dos outros. Estamos comprometidos a encontrar formas de estar com aqueles que sofrem, seja através do contato pessoal, uso do telefone, de meios eletrônicos, audiovisuais e outros, para que assim possamos ajudá-los a transformar seus sofrimentos em compaixão, paz e alegria.

O quinto treinamento: Uma vida saudável e compassiva

Conscientes de que a verdadeira felicidade está enraizada na paz, solidez, liberdade e compaixão, estamos determinados a não acumular riqueza enquanto milhões estão morrendo de fome, nem a ter como objetivos principais de nossa vida a fama, o lucro, a riqueza ou prazer sexual, que podem trazer muito sofrimento e desespero. Praticaremos examinando profundamente como nutrimos nosso corpo e mente com alimentos comestíveis, impressões sensoriais, volição e consciência. Estamos comprometidos a não participar de jogos de azar, ou usar bebidas alcoólicas, drogas ou quaisquer outros produtos que tragam toxinas ao corpo e consciência, nosso e da coletividade, como certos websites, jogos eletrônicos, música, programas de televisão, filmes, revistas, livros e conversas. Consumiremos de uma maneira que preserve a compaixão, o bem-estar e a alegria em nossos corpos e consciências, e no corpo e consciência coletiva de nossas famílias, sociedade e da Terra.

O sexto treinamento: Cuidando da raiva

Conscientes de que a raiva bloqueia comunicação e cria sofrimento, estamos determinados a cuidar da energia da raiva quando ela surgir e a reconhecer e transformar as sementes de raiva que repousam nas profundezas da nossa consciência. Quando a raiva se manifestar, estamos determinados a não fazer e a não dizer coisa alguma, mas sim praticar respirando e andando conscientemente, para reconhecer, abraçar e contemplar profundamente nossa raiva. Sabemos que as raízes da raiva não estão fora de nós, mas podem ser encontradas em nossas percepções errôneas e na falta de compreensão do sofrimento nosso e dos outros. Contemplando a impermanência, seremos capazes de olhar com olhos de compaixão para nós mesmos e para aqueles que achamos que nos causaram raiva, e de reconhecer a preciosidade do nosso relacionamento. Praticaremos a Diligência Correta para nutrir nossa capacidade de compreender, amar, ser alegre e inclusivo, transformando gradualmente nossa raiva, violência e medo, e ajudando os outros a fazerem o mesmo.

O sétimo treinamento: Vivendo alegremente no momento presente

Conscientes de que a vida está disponível somente no momento presente, estamos comprometidos a nos treinar para viver profundamente cada momento da vida diária. Tentaremos não nos perder em devaneios ou sermos arrastados por arrependimentos concernentes ao passado, nem por preocupações acerca do futuro ou por desejo ansioso, raiva ou ciúme no presente. Praticaremos a respiração consciente para sermos conscientes do que está acontecendo aqui e agora. Estamos determinados a aprender a arte de viver plenamente conscientes, tocando os elementos maravilhosos, revigorantes e saudáveis dentro de nós e à nossa volta, em todas as situações. Desta forma seremos capazes de cultivar as sementes de alegria, paz, amor e compreensão dentro de nós, facilitando, dessa forma, o trabalho de transformação e cura em nossa consciência. Estamos conscientes de que a felicidade real depende principalmente da nossa atitude mental e não de condições externas, e que podemos viver alegremente no momento presente apenas nos lembrando de que já dispomos de condições mais do que suficientes para sermos felizes.

O oitavo treinamento: Comunidade e comunicação verdadeiras

Conscientes de que a falta de comunicação sempre causa separação e sofrimento, estamos comprometidos a nos treinar na prática de ouvir compassivamente e falar amavelmente. Sabendo que a verdadeira comunidade está enraizada na inclusão e na prática concreta de harmonização de opiniões, pensamentos e discursos, nós vamos praticar compartilhando nossa compreensão e experiências com os membros da nossa comunidade para chegar a um *insight* coletivo.

Estamos determinados a aprender a ouvir profundamente, sem julgar ou reagir e evitar proferir palavras que possam criar discórdia ou provocar o rompimento da comunidade. Quando as dificuldades surgirem, permaneceremos em nossa sanga e praticaremos olhando profundamente dentro de nós e dos outros para reconhecer todas as causas e condições, inclusive as nossas próprias energias habituais, que fizeram surgir tais dificuldades. Nós assumiremos nossa responsabilidade pelas formas como podemos ter contribuído para o conflito, e manteremos aberta a comunicação. Não nos comportaremos como uma vítima, mas sim seremos ativos na busca de formas de reconciliação e resolução de todos os conflitos por menores que sejam.

O nono treinamento: A fala verdadeira e amorosa

Conscientes de que as palavras podem gerar sofrimento ou felicidade, estamos comprometidos a aprender a falar de forma verdadeira, amável e construtiva. Usaremos somente palavras que inspirem alegria, confiança e esperança e que também promovam reconciliação e paz dentro de nós e entre as pessoas. Nós falaremos e ouviremos de um jeito que possa ajudar a nós e aos outros a transformarmos o sofrimento e vermos a saída para as situações difíceis. Estamos determinados a não falar inverdades em benefício próprio ou para impressionar as pessoas, nem proferir palavras que poderiam causar desunião ou ódio. Protegeremos a felicidade e a harmonia de nossa sanga evitando falar sobre os defeitos de outras pessoas na ausência delas, e vamos sempre nos questionar se nossas percepções estão corretas. Falaremos somente com a intenção de compreender e ajudar a transformar a situação. Não espalharemos boatos nem criticaremos ou condenaremos coisas que não temos certeza. Faremos o melhor possível para denunciar situações de injustiça, mesmo que fazendo isto possa ameaçar nossa segurança.

O décimo treinamento: Protegendo e nutrindo a Sanga

Conscientes de que a essência e o objetivo de uma Sanga é a realização da compreensão e compaixão, estamos determinados a não usar nossa comunidade budista para ganhos ou lucros pessoais, ou transformar nossa comunidade em um instrumento político. Enquanto membros de uma comunidade espiritual, devemos, no entanto, tomar uma posição clara contra a opressão e a injustiça. Devemos lutar para mudar a situação sem tomar partido em nenhum lado do conflito. Estamos comprometidos a aprender a olhar com os olhos do interser e a ver nós mesmos e os outros como células do corpo da sanga. Ao sermos uma verdadeira célula do corpo da Sanga, gerando consciência plena, concentração e *insight* para nos nutrir e nutrir toda a comunidade, cada um de nós é, ao mesmo tempo, um célula do corpo de Buda. Vamos desenvolver, efetivamente, o sentimento de sermos todos irmãos e irmãs, fluindo como um rio, e praticar para desenvolver os três poderes legítimos: compreensão, amor e superação das aflições – para realizar o despertar coletivo.

O décimo primeiro treinamento: O meio de vida correto

Conscientes da grande violência e injustiça feitas ao nosso meio ambiente e sociedade, estamos comprometidos a não viver de uma profissão que seja prejudicial aos humanos e à natureza. Faremos o que estiver ao nosso alcance para escolher um trabalho que contribua para o bem-estar de todas as espécies da terra e ajude a realizar o nosso ideal de compreensão e compaixão. Conscientes das realidades social, econômica e política ao redor do mundo e também do nosso relacionamento com o ecossistema, estamos determinados, enquanto consumidores e cidadãos, a agir com responsabilidade. Não vamos nem investir nem comprar em empresas que contribuem para o esgotamento dos recursos naturais, danificam a terra e privam as pessoas de suas chances de viver.

O décimo segundo treinamento: Reverência pela vida

Conscientes de que muito sofrimento é causado por conflitos e guerras, estamos determinados a cultivar a não violência, a compaixão e o *insight* do interser em nossas vidas cotidianas, e promover a educação pela paz, a mediação consciente e reconciliação dentro das famílias, comunidades, grupos étnicos e religiosos, nações e no mundo. Estamos determinados a não matar e a não deixar que os outros matem. Não apoiaremos qualquer ato mortífero no mundo, em nosso pensamento ou em nossa forma de vida. Praticaremos diligentemente a contemplação profunda com nossa Sanga para descobrir as melhores formas de proteger vidas, prevenir guerras e estabelecer a paz.

O décimo terceiro treinamento: A generosidade

Conscientes do sofrimento causado pela exploração, injustiça social, roubo e opressão, estamos comprometidos a cultivar a generosidade em nossa forma de pensar, falar e agir. Praticaremos a bondade amorosa trabalhando pela felicidade das pessoas, dos animais, das plantas e minerais, e dividiremos o nosso tempo, energia e recursos materiais com os necessitados. Estamos determinados a não roubar e a não possuir qualquer coisa que deveria pertencer a outras pessoas. Vamos respeitar a propriedade alheia, mas tentaremos impedir que pessoas lucrem com o sofrimento humano ou com o sofrimento de outros seres.

O décimo quarto treinamento: O verdadeiro amor

Para pessoas laicas:

Conscientes de que o desejo sexual não é amor e que relações sexuais motivadas apenas por desejo ansioso não conseguem dissipar o sentimento de solidão, mas criarão mais sofrimento, frustração e isolamento, estamos determinados a não nos envolver em relações sexuais sem compreensão mútua, amor e um compromisso duradouro levado ao conhecimento de nossas famílias e amigos. Vendo que o corpo e a mente são uno, nós estamos comprometidos a aprender formas apropriadas de cuidar de nossa energia sexual e cultivar bondade amorosa, compaixão, alegria e inclusão para a felicidade nossa e dos outros. Devemos estar conscientes do sofrimento futuro que pode ser causado por relações sexuais. Sabemos que, para preservar a felicidade nossa e dos outros, devemos respeitar os direitos e os compromissos nossos e dos outros. Vamos fazer tudo que estiver ao nosso alcance para proteger as crianças de abuso sexual e proteger casais e famílias de serem destruídos devido à má conduta sexual. Trataremos nosso corpo com compaixão e respeito. Estamos determinados a contemplar profundamente os Quatro Nutrientes e aprender formas de preservar e canalizar nossas energias vitais (sexual, estado de ânimo, espiritual) para a realização do nosso ideal bodisatva. Estaremos totalmente conscientes da responsabilidade que é trazer novas vidas ao mundo e meditaremos regularmente sobre o futuro meio ambiente deles.

Para pessoas monásticas:

Conscientes de que a aspiração profunda de um monge ou uma monja só pode ser realizada quando ele ou ela deixa para trás inteiramente os laços do amor mundano, nós estamos comprometidos a praticar a castidade e a ajudar outras pessoas a se protegerem. Estamos conscientes de que a solidão e o sofrimento não podem ser aliviados através de uma relação sexual, mas praticando bondade amorosa, compaixão, alegria e inclusão. Nós sabemos que uma relação sexual destruirá nossa vida monástica, nos impedirá de realizar nosso ideal de servir os seres vivos, e prejudicará outras pessoas. Aprenderemos formas apropriadas de cuidar da nossa energia sexual. Estamos determinados a não reprimir ou maltratar nosso corpo ou a considerá-lo apenas como um instrumento, mas aprenderemos a tratá-lo com compaixão e respeito. Examinaremos profundamente os Quatro Nutrientes para preservar e canalizar nossas energias vitais (sexual, estado de ânimo, espiritual) para a realização do nosso ideal bodisatva.

Praticando com as crianças

Ouvindo os jovens

Nós adultos podemos achar que temos muita sabedoria e experiência, enquanto as crianças ainda são jovens e sabem muito pouco. Tantas gerações de pais, professores, irmãs e irmãos mais velhos têm considerado a opinião das crianças como sendo insignificantes. Eles sentem que as crianças não possuem experiência suficiente e que o que elas pensam, ou querem, não importa. Os mais velhos podem achar que sabem o que é melhor para seus irmãos e irmãs mais novos. Mas isso não é necessariamente verdadeiro. Enquanto os mais velhos ainda não compreenderem totalmente ou escutarem profundamente as dificuldades e os desejos profundos dos seus irmãos e irmãs mais novos, eles não poderão amá-los verdadeiramente. O amor tem que vir da compreensão. Quando o amor não está baseado em compreensão, ele é prejudicial. Sem estarem cônscios disso, pais geralmente causam sofrimento aos filhos, e os irmãos e irmãs mais velhos causam sofrimento aos mais novos.

Quando forçamos nossos filhos a fazer aquilo que pensamos ser melhor para eles, nossa comunicação com eles se rompe. Sem haver mais comunicação entre nós, como podemos estar felizes? A coisa mais importante é manter a comunicação viva entre pais e filhos. Quando a porta da comunicação se fecha tanto os pais quanto os filhos sofrem. Mas enquanto praticarmos a boa comunicação, pais e filhos compartilharão suas vidas, juntos como amigos; e este é o único caminho de encontrar a verdadeira felicidade.

Numa família podemos ter um encontro semanal. Ao sentarmos juntos dessa forma teremos uma oportunidade de discutir assuntos importantes para nossa felicidade. Se uma criança tem uma dificuldade na escola ou se os adultos têm algum dilema no local de trabalho, isso pode ser apresentado e toda a família pode oferecer sua opinião sobre como melhorar a situação. A família que pratica dessa forma se parece realmente com uma Sanga, e uma Sanga é exatamente como uma família, por isso é natural que funcionem de forma parecida. Não precisamos nos considerar budistas para adotar estas práticas em nossa vida. Elas são simplesmente uma forma de levar paz e alegria para nossa família e comunidade.

A prática

A fala amável e a escuta profunda são dois métodos maravilhosos de abrir as portas da comunicação com as crianças. Enquanto o pai ou a mãe, ao falar com seus filhos, não devem usar uma linguagem autoritária, mas a linguagem do amor. Quando você for capaz de falar a língua do amor e da compreensão, seus filhos vão vir até você e contar suas dificuldades, seus sofrimentos e suas ansiedades. Com este tipo de comunicação, você compreenderá melhor seus filhos e será capaz de amá-los mais. Se seu amor não estiver baseado em compreensão, seus filhos não vão senti-lo como sendo amor.

Para amar verdadeiramente, você pode dizer a seu filho: "Meu amor, você acha que eu o compreendo suficientemente bem? Você acha que eu compreendo suas dificuldades e seus sofrimentos? Por favor, diga-me. Eu quero saber, para que eu possa amar você de uma forma que não o machuque". Você pode dizer: "Querido, por favor, diga-me a verdade. Tu achas que eu te compreendo? Tu achas que eu compreendo teu sofrimento, tuas dificuldades e teus desejos mais profundos? Se eu ainda não compreendo, então, por favor, ajude-me a compreender. Pois se eu não compreender, continuarei a te fazer sofrer em nome do amor". É isto que chamo de "a fala amorosa".

Quando seu filho estiver falando, por favor, pratique a escuta profunda. Às vezes ele poderá dizer algo que lhe surpreenda. Pode até ser o oposto da forma como você vê as coisas. Sempre o mesmo, escute profundamente. Por favor, deixe sua filha falar livremente. Não a interrompa enquanto ela estiver falando, nem critique o que ela diz. Enquanto ouve profundamente com todo o seu coração – por meia hora, uma hora ou até mesmo três horas –, você começará a vê-la mais profundamente e compreendê-la mais.

Embora seu filho ainda seja muito pequeno, ele tem grandes *insights* e necessidades próprias. Você pode começar a compreender que, durante muito tempo, pode ter feito seu filho sofrer. E se ele estiver sofrendo, você sofrerá também.

Andando em meditação com as crianças

Andar com as crianças é uma maneira maravilhosa de praticar a consciência plena. Pode ser que você goste de segurar a mão de uma criança enquanto caminha. Ela receberá sua concentração e estabilidade e você receberá o frescor e inocência dela. De vez em quando, ela pode querer correr na frente e, então, esperar até você chegar. Uma criança é um sino de consciência plena, lembrando-nos quão maravilhosa a vida é.

Podemos lembrar as crianças que andar em meditação é uma forma maravilhosa delas se acalmarem quando estiverem com fortes emoções ou se sentindo tristes. Podemos caminhar com elas, lembrando-as de prestar atenção em cada passo.

A prática

Em Plum Village, eu ensino os jovens um verso simples para ser praticado enquanto caminham. Dizemos: *"Oui, oui, oui,"* enquanto inspiramos e *"merci, merci, merci"* enquanto expiramos. "Sim, sim, sim. Obrigado, obrigado, obrigado". Eu quero que eles respondam à vida, à sociedade e à Terra de uma forma positiva. Eles gostam muito dessa prática.

Eu explico para eles como andar em meditação assim: simplesmente, permita-se ser você mesmo! Permita-se gostar de estar no momento presente. A Terra é tão linda. Aprecie o Planeta Terra. Você também é belo, você é encantador como a Terra.

"Lembre-se, enquanto estiver caminhando, que você não está indo a determinado lugar; no entanto, cada passo ajuda você a chegar. A chegar aonde? A chegar ao momento presente – a chegar ao aqui e agora. Você não precisa de nada mais para ser feliz."

Quando as crianças caminham com esta consciência, elas estão andando em meditação.

Ajudando as crianças a lidarem com a raiva e fortes emoções

A emoção é apenas uma tempestade. Ela vem e fica por algum tempo e depois vai embora. As crianças ficam totalmente no centro da tempestade quando ela vem. Enquanto adultos, podemos reconhecer nossa tempestade de emoções, sorrir para ela, abraçá-la, e aprender muito a partir dela. Quando estamos com uma criança atravessando fortes emoções, precisamos respirar conscientemente com muita concentração e compartilhar esse método com ela.

A prática

Toda vez que uma criança estiver experienciando uma forte emoção, você pode segurá-la nos braços ou apenas segurar a mão dela e convidá-la a praticar com você. Compartilhe com a criança sua capacidade de solidez: "Segure minha mão, nós vamos respirar juntos, certo?"

Inspirando, eu sinto minha barriga se expandindo.
Expirando, eu sinto minha barriga se contraindo.
Expandindo.
Contraindo.

Respirem juntos muito profundamente; respirem juntos bem lentamente. Não existe problema algum. Você está transmitindo à criança sua capacidade de manter-se firme. A criança inspirando se sente forte; a criança expirando se sente leve. Inspirando, a mente da criança começa a se acalmar. Expirando, a boca da criança começa a esboçar um pequeno sorriso.

As crianças mais velhas e as que se enraivecem com mais frequência podem gostar de praticar carregando um seixo com elas. Então elas podem se sentar perto de um Buda, se tiver um em casa, ou ao ar livre sob uma árvore especial, ou sobre uma rocha especial ou no quarto delas. Você pode ensiná-las a segurar o seixo e dizer:

> Querido Buda,
> Aqui está meu seixo. Vou praticar com ele quando as coisas derem errado no meu dia. Toda vez que eu estiver com raiva ou triste, vou segurar o seixo na mão e respirar profundamente. Vou fazer isto até me acalmar.

Encoraje as crianças a guardarem o seixo com elas, e quando alguma coisa que as deixem tristes acontecer durante o dia, elas podem pegar a pedra no bolso, segurá-la respirando profundamente e dizer:

> Inspirando, eu sei que estou com raiva.
> Expirando, estou cuidando bem da minha raiva.

Enquanto respiram dizendo isso, elas podem ainda estar com raiva, mas estão seguras, pois estão abraçando sua raiva como uma mãe abraça o bebê que chora. Depois de fazer isso por algum tempo, elas começarão a se acalmar e serão capazes de sorrir para a raiva delas:

Inspirando, eu vejo a raiva em mim.
Expirando, eu sorrio para a minha raiva.

Quando forem capazes de sorrir, elas podem colocar o seixo de volta no bolso para outra ocasião. Esta poderia ser uma boa hora de lembrar as crianças de que estamos sendo plenamente conscientes quando tomamos conta da nossa raiva dessa forma. A consciência plena age como os raios do sol; sem esforço algum, o sol brilha sobre tudo, e tudo muda por causa dele. Quando expomos nossa raiva à luz da consciência plena, ela também se transformará, como uma flor se abrindo ao sol.

Você pode ensinar as crianças a cuidarem dos seus sentimentos de medo ou de raiva mostrando a elas como estar conscientes do movimento do abdômen subindo e descendo enquanto respiram. Quando as crianças ficarem com medo ou com raiva, se elas se esquecerem dos exercícios que você mostrou, gentilmente você deve lembrá-las da prática.

Refeições em família

Poucos anos atrás eu perguntei a algumas crianças: "Qual o propósito de tomar o café da manhã?" Um garoto respondeu: "Ganhar energia para o dia". Outro disse: "O propósito de tomar o café da manhã é tomar o café da manhã". Eu acho que a segunda criança está mais correta. O propósito de comer é comer.

Fazemos o possível para ter, pelo menos, uma refeição ao dia com toda a família. Comendo juntos numa refeição, cultivamos mais harmonia e amor enquanto família. Alguém na família pode recitar as contemplações ou podemos cantá-las juntos antes de começar a comer. Usamos nosso talento e nossa criatividade para que seja agradável para todos.

A prática

Pratiquem a meditação silenciosa, inspirando e expirando três vezes. Olhem uns para os outros, reconheçam a presença um do outro e comam silenciosamente nos primeiros dois minutos. Pode ser que você goste de recitar as Contemplações do Alimento para os Jovens.

A primeira contemplação

Este alimento é um presente de todo o universo: da terra, do céu, da chuva e do sol.

A segunda contemplação

Nós agradecemos às pessoas que produziram este alimento, especialmente aos fazendeiros, às pessoas dos mercados e aos cozinheiros.

A terceira contemplação

Nós só colocamos em nosso prato a quantidade de comida que conseguimos comer.

A quarta contemplação

Nós queremos mastigar a comida lentamente para que possamos apreciá-la.

A quinta contemplação

Este alimento nos dá mais energia para praticar sermos mais amáveis e compreensivos.

A sexta contemplação

Nós comemos este alimento para sermos mais saudáveis e felizes, e amarmos uns aos outros como uma família.

A prática é fácil. Para ser digno da comida você só tem que comê-la com consciência plena. Se não comer com consciência plena, você não está sendo amável com o alimento nem com os que o produziram. Eu gosto de lembrar a mim mesmo de comer com moderação. Sei que o alimento desempenha um papel importante no meu bem-estar. Por isso eu me comprometo a comer somente alimentos que mantenham minha saúde e meu bem-estar. Ambos, adultos e crianças, podem praticar dessa forma.

Convidando o sino a soar

É muito maravilhoso respirarmos juntos. Saber respirar conscientemente sozinho é importante, mas quando toda a família se reúne, inspira e expira, cria um tipo de energia maravilhosa, envolvendo todos. Os vários corações se tornam um coração e os vários pulmões se tornam um único órgão respiratório. Se alguém estiver com raiva ou uma briga estiver acontecendo na família, esta é uma boa hora de convidar o sino a soar.

Qualquer membro da família tem o direito de convidar o sino a soar se não houver paz suficiente na família. Quando o irmão mais velho estiver com raiva ou a mãe chorando, nesses momentos é muito importante alguém ir até o sino e convidá-lo a soar, para que todos na família possam praticar a respiração consciente, inspirando e expirando três vezes. Se praticarmos dessa forma, mesmo que seja por uma semana, inspirando e expirando nove vezes de manhã e à noite, toda vez que não houver paz suficiente no ambiente familiar, haverá mais calma e harmonia na família.

A prática

Eu tenho muitos amigos, alguns bem jovens, que amam a prática de convidar o sino a soar e de escutá-lo. De manhã, antes de saírem para a escola, eles se sentam e convidam o sino a soar e se deleitam inspirando e espirando. Com o café da manhã, a prática do sino e a inspiração e expiração, eles podem começar o dia com paz, serenidade e solidez. Então, ao invés de desejar "tenha um bom-dia" para o outro, você pode ajudá-lo a começar o bom dia com o som do sino, e inspirando e expirando. E, antes de dormir, vocês podem se sentar juntos em família e praticar com os sons do sino e a respiração consciente. Este seria um momento lindo e cheio de paz.

A prática de convidar o sino a soar é a mesma para crianças e adultos. Você cumprimenta o sino, coloca-o na palma da mão, e inspira e expira com o poema seguinte, antes de convidar o sino com uma leve batida. Use este poema para inspirar e expirar, inspirar e expirar:

> *Com o corpo, fala e mente em perfeita unidade,*
> *eu envio meu coração com o som deste sino.*
> *Que os ouvintes despertem do esquecimento*
> *e transcendam o caminho da ansiedade e aflição.*

Então, você dá um leve toque no sino. Agora, permita que as pessoas tenham tempo de se prepararem – o tempo de uma inalação e uma exalação. Depois, você convida o som inteiro do sino. Após o ecoar do som pleno do sino, inale e exale três vezes com o seguinte poema:

> *Escute, escute*
> *este som maravilhoso.*
> *Traz-me de volta*
> *Ao meu verdadeiro lar.*

Escute muito profundamente com prazer. Esta é a prática da paz. E depois deste momento, convide mais uma vez o sino a soar plenamente. Inspire e expire três vezes, lentamente. Finalmente, convide o terceiro e último som inteiro. Então, respire novamente, três inalações e três exalações. Depois disso, você desce a mão e coloca o sino numa almofada.

Um jovem mestre do sino deve saber que a inspiração e expiração dele são mais curtas do que a dos adultos. Então, tendo convidado o sino a soar, ele deve deleitar-se inspirando e expirando três vezes e, em seguida, dar um pouco mais de tempo aos adultos para que eles aproveitem suas três inalações e exalações. Se fizer isso o mestre estará sendo muito gentil, pois ouvir o sino é um momento de nos apreciar, e de apreciar a paz e a vida. Eu posso sentar assim e ouvir o sino por uma hora ou mais, gostando disso. Momentos como esse nos curam e nos nutrem.

Meditando com seixos

*E*u gosto de carregar alguns seixos comigo no bolso. No meu bolso não tem cartão de crédito, nenhum dinheiro nem cigarros. Pode ser que tenha uma folha de papel, um sininho, ou algo do tipo.

Estes seixos me ajudam lembrar que nós humanos nascemos como flores no jardim da humanidade. Se não soubermos preservar nosso frescor, nós sofreremos e não teremos beleza suficiente para oferecer às pessoas que amamos.

A prática

Faça um saquinho e coloque dentro dele quatro seixos que você coletou lá fora. Vocês podem todos se sentar em círculo, e uma criança ou membro da família desempenhar o papel de mestre do sino. Depois de ter convidado o sino a soar três vezes, e apreciado a inspiração e expiração, derrame os seixos no chão à sua esquerda. Com a mão direita, pegue um dos seixos e olhe para ele. O primeiro seixo representa uma flor. Ele também representa seu próprio viço e sua natureza floral.

Coloque a pedra na palma da sua mão esquerda e repouse a mão esquerda sobre a direita para começar sua meditação sobre a natureza da flor:

Inspirando, eu me vejo como uma flor.
Expirando, eu me sinto viçoso.

Isto não é apenas um faz de conta, pois você é uma flor no jardim da humanidade. Veja-se como uma flor. É muito proveitoso sorrir durante a prática, porque uma flor está sempre sorrindo. Pratique a flor viçosa três vezes. Depois disso, pegue o seixo e o coloque no chão à sua direita.

Depois pegue o segundo seixo e olhe para ele. Este seixo representa uma montanha. Uma montanha representa solidez. Você é você, você é firme, você é forte. Sem solidez, você não pode ser verdadeiramente feliz. Você será afetado pelas provocações, pela raiva, pelo medo, pelo arrependimento ou pela ansiedade. A posição sentada é a melhor posição para praticar esta meditação, porque na posição de lótus ou de meio-lótus seu corpo se sente mais firme e forte. Mesmo que alguém se aproxime e empurre você, você não vai cair. Após colocar o segundo seixo na sua mão esquerda, comece a contemplar:

Inspirando, eu me vejo como uma montanha.
Expirando, eu me sinto sólido.

Repita os versos da montanha sólida três vezes. Quando você está se sentindo firme e forte, deixa de se sentir titubeante física e mentalmente.

O terceiro seixo representa água serena. De tempos em tempos, você vê um lago onde a água está tão tranquila que reflete exatamente o que existe ali. Ela está tão serena que é capaz de refletir o céu azul, as nuvens brancas, as montanhas, as árvores. Você pode mirar sua câmera para o lago e fotografar o céu e a montanha refletidos nele exatamente iguais. Quando sua mente está calma, reflete as coisas como elas são. Você não é vítima de percepções distorcidas. Quando sua mente está perturbada pelo desejo ansioso, pela raiva ou pelo ciúme, você percebe as coisas erroneamente. Percepções errôneas nos trazem mais raiva, medo, violência e nos levam a fazer e a dizer coisas que destruirão tudo. Esta prática o ajuda a restaurar sua calma e paz, representadas pela água serena.

> *Inspirando, eu me vejo como uma água serena.*
> *Expirando, eu espelho as coisas como realmente são.*

Repita os versos da água serena espelhando três vezes. Isso não é apenas uma criação ilusória. Respirando conscientemente, você pode levar paz ao seu alento, corpo e sentimentos.

O quarto seixo representa espaço e liberdade. Se você não tiver espaço suficiente no coração, será muito difícil se sentir feliz. Se estiver fazendo um arranjo de flores, você compreende que elas precisam de espaço para irradiar a sua beleza. Cada pessoa também precisa ter algum espaço. Se você ama alguém, uma das coisas mais preciosas que pode oferecer a essa pessoa é espaço. E isso você não pode comprar num supermercado. Visualize a lua navegando no céu. A lua tem muito espaço em volta dela, que é parte da sua beleza. Muitos discípulos de Buda o descrevem como uma lua navegando no céu aberto.

> *Inspirando, eu me vejo como o espaço.*
> *Expirando, eu me sinto livre.*

Repita a prática do espaço livre três vezes. Cada pessoa precisa de liberdade e de espaço. Ofereça espaço também aos seus amados familiares. Sem impor suas ideias ou seus hábitos nos outros, você pode oferecer a eles a dádiva desta meditação do seixo. Deste modo é possível que você ajude cada pessoa da família a remover preocupações, medos e raiva do coração.

O quarto de respirar

Toda casa deveria ter um quarto chamado de "quarto de respirar", ou, pelo menos, um canto de um quarto reservado para este propósito. Neste lugar, nós podemos colocar uma mesinha baixa com uma flor, um sininho e almofadas suficientes para todos da família se sentarem. Quando nos sentirmos inquietos, tristes ou furiosos, podemos entrar neste quarto, fechar a porta, sentar, convidar o sino a soar e respirar conscientemente. Depois de dez ou quinze minutos respirando desta forma, começamos a nos sentir melhor. Se não praticarmos assim, podemos perder a calma. Por isso podemos gritar ou começar uma briga com outra pessoa, criando uma enorme tempestade em nossa família.

Num retiro de verão em Plum Village eu perguntei a um garotinho: "Meu filho, quando seu pai fala com raiva, você tem algum jeito de ajudá-lo?" A criança balançou a cabeça: "Eu não sei o que fazer. Eu fico muito assustado e tento fugir". Quando as crianças vêm para Plum Village, elas aprendem sobre o quarto de respirar e, assim, elas podem ajudar seus pais quando eles ficam com raiva. Eu disse ao garotinho: "Você pode convidar seus pais a entrarem no quarto de respirar para respirar com você".

A prática

Um quarto de respirar ou um canto para respirar é algo que a família deve concordar antes. Quando todos estiverem felizes, esta é uma boa hora de pedir aos familiares para assinarem um acordo entre si. Você poderia dizer: "Às vezes ficamos com raiva e dizemos coisas ferinas para o outro que magoam. Isso deixa a pessoa com medo. Da próxima vez que isso acontecer, nós vamos até o quarto de respirar e convidamos o sino a soar para todos nos lembrarmos de respirar". Se morar apenas com uma criança, você ainda pode pedir a ela para assinar este acordo com você, para quando você estiver com raiva ela ter o que fazer para ajudar vocês dois.

Se, naquele momento particular, a criança que você cuida estiver se sentindo feliz, ela estará bem-disposta a concordar. Enquanto criancinha, ela ainda está bem-disposta. E pode usar sua disposição para ajudar os seus pais. Ela pode dizer a cada um deles: "Siga-me até o quarto de respirar, e vamos respirar juntos ao invés de brigar. O que você acha?"

Se apenas um dos pais concordar com ela, quando o outro disser algo indelicado, a criança pode pegar na mão do que concordou e dizer: "Vamos para o quarto de respirar". Ao ouvir isso, o outro pode se acordar.

Uma vez dentro do quarto de respirar, a criança tem o som do sino e Buda para protegê-la. Todos da família podem assinar um acordo que afirme: "Quando ouvirmos o som do sino no quarto de respirar, este é o som de Buda nos chamando e todos na casa vão parar e respirar. Ninguém mais vai gritar depois disso". Toda a família pode fazer este acordo de parar e respirar ao som do sino. Este é chamado de "o acordo de conviver em paz e com alegria". Se você puder levar este método de prática para casa, cerca de três meses depois, sentirá que o ambiente familiar se tornou muito mais agradável. As feridas no coração das crianças se aliviaram e gradualmente serão curadas.

Os quatro Mantras

Esse é um tipo de prática que eu gostaria que todos levassem para casa e praticassem todo dia. Um mantra é uma fórmula mágica. Toda vez que pronunciamos um mantra, transformamos a situação imediatamente; não precisamos esperar. É uma fórmula mágica que devemos recitar quando a hora é apropriada. A condição que torna o mantra efetivo é a nossa consciência plena e concentração, senão ele não funcionará.

A prática

A prática dos Quatro Mantras é a mesma para adultos e crianças.

O primeiro mantra: *"Querido(a), eu estou aqui para você".*
Você não tem que praticar este mantra em sânscrito ou tibetano, pratique em sua própria língua. Por que você pratica este mantra? Porque quando ama alguém, você deve oferecer o melhor de si a ele ou ela. E o melhor que você pode oferecer ao seu amado ou à sua amada é sua verdadeira presença.

O segundo mantra: *"Querido(a), eu sei que você está aí, e estou muito feliz".*

Amar significa reconhecer a presença da pessoa que você ama. Você tem que ter tempo, se estiver demasiadamente ocupado, como poderia reconhecer a presença daquela pessoa? A condição para praticar este mantra é que você esteja cem por cento no presente. Se não estiver, você não poderá reconhecer a presença da outra pessoa. Quando alguém o ama, você precisa que aquela pessoa reconheça sua presença – seja você jovem ou idoso.

Você só consegue amar quando está no presente; e para estar no presente é preciso praticar para estar no presente, seja respirando conscientemente ou andando em meditação, qualquer tipo de prática que realmente o ajude a se estabelecer no presente como uma pessoa livre para a pessoa que você ama. Porque está presente, plenamente consciente, você nota quando a pessoa amada está sofrendo. No momento em que reconhecer o sofrimento dela, você tem que praticar profundamente para estar cem por cento no presente. Vá até aquela pessoa e pronuncie o terceiro mantra.

O terceiro mantra: *"Querido(a), eu sei que você sofre, por isso estou aqui para você".*

Quando você sofre, você quer que a pessoa que você ama esteja ciente do seu sofrimento – isso é muito humano, isso é muito natural. Se a pessoa que você ama não sabe que você está sofrendo, ou se ela ignora seu sofrimento, você sofre ainda mais. Portanto é um grande alívio quando a pessoa que você ama está ciente que você está sofrendo. Antes que ela faça qualquer coisa para ajudar, já sofremos menos. Esta não é uma prática só para crianças, é uma prática para todos.

E isso pode gerar grande alegria no lar. Tentem por algumas semanas e você verá que a situação na casa se transformará radicalmente.

O quarto mantra: *"Querido(a), estou sofrendo. Por favor, ajude-me".*

Enquanto o terceiro mantra é praticado quando a pessoa amada está sofrendo, o quarto mantra você pratica quando você mesmo está sofrendo. Você acredita que a pessoa que você mais ama causou seu sofrimento, por isso é tão difícil. Quando a pessoa que você tanto ama diz ou faz algo que o magoa, você sofre muito. Se outra pessoa dissesse ou fizesse o mesmo, você não sofreria tanto. Mas esta é a pessoa que você mais ama no mundo e ela simplesmente fez isto com você, ela simplesmente disse isto para você. Por isso você não consegue suportar; você sofre cem vezes mais. São nessas situações que o quarto mantra tem que ser praticado. Você tem de ir até aquela pessoa que você mais ama e que simplesmente o magoou tão profundamente; e você vai até ela plenamente consciente, com total atenção e introspecção, e recita o quarto mantra.

Isto é bem difícil, mas se você se treinar, poderá fazê-lo. Quando sofre e acredita que a pessoa que o faz sofrer é a pessoa que você mais ama, você quer ficar só. Você quer se trancar no seu quarto e chorar sozinho. Você não quer vê-la, não quer falar com ela e nem ser tocado por ela. "Deixe-me em paz!" Isto é muito normal, muito humano. Mesmo que a pessoa tente se aproximar e se reconciliar, você ainda está muito furioso.

É possível praticar o quarto mantra? Parece que você não quer fazer isso, pois sente que não precisa desta ajuda. Você quer ajuda de qualquer outra pessoa, menos dela.

Você quer ser independente – "eu não preciso de você". Seu orgulho está profundamente ferido e é por isso que o quarto mantra é tão importante. Vá até ela e, inspirando e expirando profundamente, seja você mesmo cem por cento e simplesmente abra a boca e diga com toda sua concentração que você está sofrendo e precisa da ajuda dela.

Para ser capaz de praticar isto, você precisa se treinar por algum tempo. Você pode ter a tendência de dizer a esta pessoa que você não precisa dela. Você pode sobreviver sozinho, completamente independente. Mas se for capaz de olhar a situação com sabedoria, você verá que fazer isto é insensato. Porque quando amamos uns aos outros, nós precisamos um do outro, especialmente quando sofremos. Você tem certeza que seu sofrimento vem da outra pessoa? Talvez você esteja errado. Talvez aquela pessoa não tenha feito ou dito aquilo para magoá-lo. Talvez você tenha interpretado mal, talvez você tenha uma percepção equivocada.

Você precisa se treinar agora em preparação para a próxima vez que sofrer, para naquele momento ser capaz de praticar o quarto mantra. Pratique andando em meditação, sentando em meditação, pratique inspirando e expirando conscientemente para se restabelecer. Então, você vai até a pessoa que o magoou e pratica o quarto mantra: "Querido(a), eu estou sofrendo muito. Você é a pessoa que eu mais amo no mundo. Por favor, ajude-me". Não deixe que seu orgulho fique entre vocês dois. No amor verdadeiro não há lugar para orgulho. Se ainda existe orgulho, saiba que tem que praticar para transformar seu amor em amor verdadeiro.

As crianças ainda são jovens e têm muitas chances de aprenderem e se treinarem para a prática. Estou confiante de que, se forem ensinadas e praticarem neste exato momento, será muito fácil para elas praticarem quando estiverem sofrendo, porque pensam que a pessoa que mais amam fez aquilo com elas e disse aquilo para elas. Eu não acho que elas vão praticar o quarto mantra com frequência, mas este é um mantra muito importante. Talvez elas tenham que usá-lo somente uma ou duas vezes no ano, mas é extremamente importante. Faça com que elas anotem este mantra e o mantenham guardado, e, toda a vez que estiverem sofrendo muito, encoraje-as a irem buscá-lo e tentarem colocá-lo em prática.

O bolo no refrigerador

Se ainda não tivermos comprado um sino ou preparado um quarto para respirar em casa, nós podemos usar um bolo. Este é um bolo muito especial que não é feito de farinha de trigo e açúcar, como um pão de ló. Podemos ficar comendo ele e ele nunca acabará. Ele é chamado de "o bolo no refrigerador".

A prática

Haverá o dia em que seu filho estará sentado na sala de estar e verá que seus pais estão prestes a perder a calma um com o outro. Assim que o clima se tornar pesado e desagradável, ele pode usar esta prática do bolo para restaurar a harmonia na família.

Em primeiro lugar, ele inspira e expira três vezes para ter coragem suficiente de olhar sua mãe e dizer: "Mamãe, Mamãe". Certamente ela pode fazer isso com o pai, com os avós ou com qualquer outro adulto que toma conta dela. A mãe olhará para ele e perguntará: "O que foi, meu filho?" E ele dirá: "Eu lembrei de que temos um bolo no refrigerador". Se realmente temos ou não temos um bolo no refrigerador não importa.

Dizer "tem um bolo no refrigerador" na verdade significa: "Meus pais, deixem de fazer o outro sofrer". Quando ouvirem estas palavras, os pais entenderão. A mãe olhará para o filho e responderá: "Está certo! Você vai lá fora e arruma as cadeiras para um piquenique enquanto eu vou pegar o bolo e o chá". Quando a mãe diz isso é porque ela já encontrou uma saída para a perigosa situação. A criança pode sair para a varanda e esperar pela mãe. Sua mãe agora tem uma oportunidade de se retirar da briga. Antes de a criança ter se expressado, a mãe não poderia se levantar e sair, pois seria muito grosseiro, e poderia derramar mais óleo nas chamas da raiva do pai. Agora a mãe pode entrar na cozinha. Enquanto abre o refrigerador e retira o bolo, e ferve a água para fazer chá, ela pode seguir sua respiração. Se não tiver realmente um bolo no refrigerador, não se preocupe, ela encontrará algo para substituí-lo. Enquanto prepara o bolo e o chá, ela pode esboçar um sorriso para sentir seu corpo e espírito mais leves.

Enquanto o pai está sentado sozinho na sala de estar, ele pode começar a praticar respirando conscientemente. Gradualmente sua irritação vai se acalmando. Quando o chá e o bolo tiverem sido colocados na mesa, ele pode andar lentamente até a varanda e juntar-se à festa do chá, num espírito leve e cheio de compreensão. Se o pai lá dentro estiver hesitante em sair, o filho pode correr lá dentro, pegá-lo pela mão e convencê-lo dizendo: "Por favor, venha comer bolo e tomar chá comigo".

A meditação da laranja

Existem pessoas que comem uma laranja, mas não a comem realmente. Elas comem suas tristezas, seus medos, suas raivas, seu passado e seu futuro. Elas não estão realmente presentes com o corpo e a mente unidos. Quando comemos uma laranja, podemos transformar o ato de comer numa meditação. Sentamos de um jeito que nos sentimos confortáveis, firmes, e olhamos a laranja de um jeito que podemos vê-la como um milagre. Concentração é muito importante. Sabemos que, quando estamos tomando um sorvete, se ligarmos a televisão, perderemos o sorvete; não conseguiremos mais prestar atenção nele. Sem consciência plena e concentração não conseguimos realmente nos apreciar nem apreciar a laranja.

A prática

Peça à criança que segure a laranja na palma da mão e fique olhando para ela enquanto inspira e expira, para que a laranja se torne uma realidade. Se a criança não estiver aqui, totalmente presente, a laranja também não estará. Peça a ela que veja a laranjeira, a laranjeira florindo, veja o sol e a chuva passando e veja a minúscula forma da fruta. E agora a fruta cresceu e se tornou uma bela laranja. Assim, apenas olhando e sorrindo para a laranja, a criança entra em contato com as maravilhas da vida. Ela, às vezes, ignora o fato de que a laranja na palma da mão dela é realmente um milagre, uma maravilha da vida. Há tantas maravilhas da vida dentro da criança e ao redor dela. Por isso, quando ela olha e sorri para a laranja dessa maneira, ela realmente vê a laranja em todo o seu esplendor, em sua natureza milagrosa. De repente, ela mesma se torna um milagre, porque ela é um milagre, ela não é menos que um milagre. Sua presença é um milagre. Ela é um milagre encontrando outro milagre.

Enquanto olha profundamente para uma laranja, ela será capaz de ver muitas coisas maravilhosas: o sol brilhando e a chuva caindo sobre a laranjeira; a laranjeira florescendo; a minúscula fruta surgindo no galho, sua cor mudando do verde para o amarelo e depois a laranja totalmente madura. Agora, peça à criança que comece a descascar a laranja lentamente. Peça que ela sinta o cheiro maravilhoso da casca da fruta e que retire um bago dela e o coloque na boca, que experimente o seu maravilhoso sumo.

A laranjeira levou três, quatro ou até seis meses para fazer esta laranja para ela. Agora a laranja está pronta e diz: "Eu estou aqui para você". Mas se a criança não estiver presente, não ouvirá. Quando ela não está olhando a laranja no momento presente, então a laranja também não estará presente. Estar plenamente presente enquanto comemos uma laranja é uma experiência encantadora.

Abraçando a árvore

Em minha casa em Plum Village, eu plantei três cedros. Eu os plantei cerca de trinta anos atrás, e hoje eles estão bem grandes, bonitos e proporcionam uma sombra refrescante. Enquanto ando em meditação, eu geralmente paro diante de uma dessas árvores, e a cumprimento curvando-me com as mãos postas diante do peito. Isto me faz sentir feliz. Eu toco sua casca com minha bochecha. Eu cheiro a árvore. Eu olho as belas folhas lá em cima. Eu sinto a força e o frescor da árvore. Inspiro e expiro profundamente. É muito agradável e, às vezes, eu fico muito tempo, só apreciando esta árvore encantadora.

Quando tocamos uma árvore, nós recebemos de volta algo muito belo e animador. As árvores são maravilhosas! Elas também são firmes, mesmo numa tempestade. Podemos aprender muito com elas.

A prática

Peça à criança que encontre uma árvore que seja especialmente bonita para ela – talvez uma macieira, um carvalho ou um pinheiro. Se ela parar e tocá-la profundamente sentirá suas maravilhosas qualidades. Respirar profundamente ajudará a criança a tocar a árvore profundamente. Peça à criança que inspire, toque a árvore e depois expire. Peça que faça isso três vezes. Tocar a árvore dessa maneira fará com que a criança se sinta revigorada e feliz.

Então, se quiser, ela pode abraçar a árvore. Abraçar a árvore é uma prática maravilhosa. Quando é abraçada, a árvore nunca recusa o abraço. A criança pode confiar na árvore. A árvore é fidedigna. Toda vez que ela quiser ver a árvore, toda vez que precisar de uma sombra, a árvore estará lá ao seu dispor.

O Dia do Hoje

Nós temos todos os tipos de dias especiais. Há o dia especial para nos lembrarmos dos pais. Nós o chamamos de Dia dos Pais. Há um dia especial para celebrarmos nossas mães. Nós o chamamos de Dia das Mães. Tem o Dia do Ano-Novo, Dia do Trabalho e Dia da Terra. Certo dia, um jovem visitando Plum Village disse: "Por que não proclamar hoje o Dia do Hoje?" E todas as crianças concordaram que deveríamos celebrar o hoje e chamá-lo Dia do Hoje.

A prática

Neste dia, Dia do Hoje, não pense em ontem, não pense no amanhã, só pense no hoje. O Dia do Hoje é quando você vive alegremente no momento presente. Quando comemos, sabemos que estamos comendo. Quando bebemos água, estamos cônscios de que é água que estamos bebendo. Quando caminhamos, realmente apreciamos cada passo. Quando jogamos, estamos realmente presentes em nosso jogo.

Hoje é um dia maravilhoso; hoje é o dia mais maravilhoso. Isto não significa que ontem não tenha sido maravilhoso. Mas ontem já se foi. Isto não significa que amanhã não será maravilhoso. Mas amanhã ainda não está aqui. O hoje é o único dia disponível para nós hoje e podemos cuidar bem dele. Por isso hoje é tão importante – o dia mais importante de nossas vidas.

Então a cada manhã, quando a criança acordar, faça com que ela tome a decisão de fazer daquele dia o dia mais importante. Antes de ela partir para a escola, diga a ela para se sentar ou se deitar, inspirar e expirar lentamente por alguns minutos, apreciando sua inspiração e expiração, e sorrindo. Ela está no aqui. Ela está contente. Ela está em paz. Esta é uma forma maravilhosa de começar o dia.

Peça à criança que mantenha este espírito vivo o dia inteiro, lembrando-se de retornar à respiração, olhar as pessoas com bondade amorosa, a sorrir e ser feliz com a dádiva da vida. Isto não é apenas um desejo. Isto é uma prática.

Conclusão

Todas estas práticas têm o mesmo propósito fundamental: trazer nossas mentes de volta ao corpo, produzir nossa presença verdadeira e nos tornarmos plenamente vivos para que tudo aconteça à luz da consciência plena. Cada prática em si mesma é muito simples. Inspiramos, expiramos, damos um passo com consciência plena, ouvimos profundamente as pessoas que amamos e observamos detalhadamente a beleza em nossa volta. Mas estas práticas simples podem também nos ajudar a entrar em contato com nossa verdadeira natureza não nascida e imortal da não separação.

Se quisermos a paz dentro de nós e em nosso mundo, temos que praticar. Se não praticarmos, não teremos suficiente energia da consciência plena para cuidar do nosso medo e raiva, e do medo e raiva dos nossos amados. A prática da consciência plena é essencial à nossa sobrevivência, nossa paz e nossa proteção. Todos nós, e também nossas famílias, nossa sociedade e nosso mundo precisam de sabedoria e *insight* que surgem da prática da consciência plena e da observação profunda.

No Budismo existe uma imagem maravilhosa do mundo cheio de joias claras e brilhosas. Este mundo é chamado de *Dharmakaya*. Quando olhamos detalhadamente vemos que o Dharmakaya é o nosso mundo cotidiano. Nós temos uma rica herança, mas a desconhecemos. Nós nos comportamos como se fôssemos pobres; ou filhos destituídos. Ao invés disso, podemos reconhecer que temos o tesouro da iluminação, compreensão, amor e alegria dentro de nós. É chegada a hora de retornarmos para receber nossa herança. Estas práticas podem nos ajudar a reivindicá-las.

Nossa verdadeira herança

O cosmos está repleto de pedras preciosas.
Nesta manhã, eu quero oferecer-te um punhado delas.
Cada momento de tua vida é uma preciosa pedra brilhando,
Contendo terra e céu, água e nuvens.

Você precisa respirar gentilmente
Para os milagres se manifestarem.
De repente você ouve os pássaros cantando,
Os pinheiros entoando cânticos,
Vê a exuberância das flores,
O céu azul,
As nuvens brancas,
O sorriso e o olhar maravilhoso
Do seu amor.

Você, a pessoa mais rica da Terra,
Que tem vagado por aí, esmolando para sobreviver,
Deixe de ser uma criança destituída.
Volte e reivindique sua herança.
Devemos desfrutar nossa felicidade
E oferecê-la a todos.
Aprecie este exato momento.
Largue o fluxo das aflições
E envolva inteiramente a vida nos seus braços.

Thich Nhat Hanh

Conecte-se conosco:

f facebook.com/editoravozes

◎ @editoravozes

𝕏 @editora_vozes

▶ youtube.com/editoravozes

☎ +55 24 2233-9033

www.vozes.com.br

Conheça nossas lojas:
www.livrariavozes.com.br

Belo Horizonte – Brasília – Campinas – Cuiabá – Curitiba
Fortaleza – Juiz de Fora – Petrópolis – Recife – São Paulo

  Vozes de Bolso

EDITORA VOZES LTDA.
Rua Frei Luís, 100 – Centro – Cep 25689-900 – Petrópolis, RJ
Tel.: (24) 2233-9000 – E-mail: vendas@vozes.com.br